NÓS, AS SOGRAS

# CHRISTIANE COLLANGE

# NÓS, AS SOGRAS

*Tradução*
Ana Maria Queiroz
Laura Anette F. de Moraes
Magui Coimbra
Myriam Gewerc
Soly Mosse

Sá editora

© Librairie Arthème Fayard, 2001

Título do original em francês: *Nous, les belles-mères*

Capa:
*Moema Cavalcanti*

Ilustração de capa:
*Lúcia Brandão*

Preparação de texto:
*Milfolhas Produção Editorial*

Revisão:
*Valquíria Della Pozza*

Diagramação:
*Eveline Teixeira*

Impressão:
*Bartira Gráfica e Editora S/A*

ISBN - 978-85-88193-32-1

Todos os direitos reservados.
Direitos mundiais em língua portuguesa
para o Brasil cedidos à
SÁ EDITORA
Calçada dos Mirtilos, 22 / 3º andar – Barueri/SP
Tel./Fax: (11) 5051-9085 / 5052-9112
atendimento@saeditora.com.br
www.saeditora.com.br

*Os pais mais carinhosos são aqueles que conseguem amar seus filhos desamando-os...*
                                              Françoise Dolto

*Dedico este livro às minhas quatro noras: Catherine, Jane, Anne e Frédérique.[1] Agradeço a elas por terem sido as primeiras leitoras de meu texto. Elas o leram com um sorriso, o que considero uma prova de inteligência e sensibilidade de sua parte.*

---

[1] Hesitei algum tempo sobre a ordem na qual deveria citar seus nomes para não suscetibilizá-las. Ordem alfabética? Cronológica? Segundo a idade dos meus filhos? Acabei me decidindo pela ordem da data de chegada à família, critério ainda mais irrecusável por respeitar a curva de suas idades.

# SUMÁRIO

Prólogo .................................................................................. 9

Capítulo I
Eternamente sogras ............................................................ 19

Capítulo II
Somos todas sogras frustadas ........................................... 35

Capítulo III
Outros tempos, outros costumes ...................................... 51

Capítulo IV
As peripécias dos irmãos .................................................. 71

Capítulo V
Quando chegam os netos .................................................. 89

Capítulo VI
Reorganização das famílias ............................................. 107

Capítulo VII
Tenham piedade dos homens ......................................... 127

Capítulo VIII
O difícil aprendizado da solidão .................................... 143

Capítulo IX
Os mandamentos da sogra perfeita ............................... 155

Capítulo X
As decisões de uma sogra zen ........................................ 177

Bibliografia ........................................................................ 197

# Prólogo

Sou uma privilegiada:

**Meus quatro filhos são saudáveis, minhas quatro noras e meus catorze netos também.** Nosso clã tem uma produção anual de resfriados, gripes, bronquites, dores de barriga, alergias, pernas quebradas, dores nas costas, cortes suturados e acnes juvenis comum à média das famílias urbanas e ativas. Esses problemas corriqueiros complicam a vida cotidiana dos adultos, mas não atrapalham em nada o crescimento normal dos jovens.

**Todos os meus filhos estão casados,** nem sempre pela primeira vez, mas todos – pelo que me consta – vivem em harmonia. Vocês devem ter notado a prudência dessas afirmações: ninguém pode saber, de fora, o que se passa realmente entre quatro paredes, mas a intimidade de nossos próprios filhos bate todos os recordes de falta de transparência. Enquanto eles quiserem nos manter distantes de suas alegrias ou de suas dificuldades, ficamos reduzidas a meras conjeturas sobre a qualidade de seus relacionamentos, simples hipóteses ditadas pelo nosso pressuposto "instinto maternal", indicador eminentemente aleatório, já que está sujeito à nossa afetividade e às nossas apreciações pessoais.

**Minha coleção de netos é maravilhosa.** Não com todos ao mesmo tempo, nem pelas mesmas razões, nós compartilhamos momentos de real cumplicidade, rimos das mesmas tolices, gostamos de estar juntos freqüentemente. Tendo o cuidado de ficar atenta aos momentos em que procuram trocar idéias ou carinho, e de não forçar nada, recebo deles, há vinte anos, muito mais alegrias do que preocupações.

**Moramos todos num raio de menos de trinta quilômetros** – sendo este, aliás, o caso de mais da metade dos jovens casais em relação à casa de seus pais. Tratando-se da região parisiense, torna-se mais pertinente contar em tempo do que em distância. Digamos que, aos domingos e durante o dia, precisamos de mais ou menos uma meia hora para ir às casas de uns e de outros, mesmo se, certas noites de chuva durante a semana, já tenha me acontecido levar mais de hora e meia para ir jantar na casa de um de meus filhos.

**Temos todos ao menos dois telefones**: um fixo e um celular. Sem falar dos telefones nos diferentes escritórios de cada um ou cada uma que, naturalmente, utilizo com parcimônia para não incomodar. Salvo em casos de extrema urgência, como, por exemplo, um técnico que não passou no horário previsto ("Não, senhora, não podemos dizer a hora exata, os nossos funcionários estão com a planilha..."): a avó, que de bom grado tinha sido encarregada de ficar de plantão entre 8 e 13 horas, tem que avisar que sua missão não foi cumprida com a eficácia esperada... Outro caso de extrema urgência: uma perna quebrada ou um corte na testa ao cair de uma árvore ou de uma bicicleta quando nos confiaram os netos por algumas semanas nas férias.

A chegada do celular foi uma dádiva: a tecnologia contemporânea permite conversar durante os engarrafamentos, momentos de cumplicidade filial que não interferem na intimidade conjugal e familiar, nem nas horas de trabalho, nem nas horas sagradas do sono (ou da sesta) durante os fins de semana.

**Herdei dos meus pais uma propriedade familiar na Normandia**, onde nos encontrávamos durante as férias – mais freqüentemente com uns do que com outros. Eu mesma passei ali todos os verões da minha infância, salvo durante a guerra, quando nossa cidadezinha ficava na zona ocupada pelos alemães. Sendo meu pai de origem judaica, essas duas circunstâncias eram radicalmente incompatíveis. Quase todos os meus filhos guardam dessas férias lembranças de banhos gelados e de boas pescarias de camarão. Meus netos aceitam alegremente andar descalços nas pedrinhas da praia com seus primos/primas, sob o olhar um pouco melancólico de suas mães – que provavelmente prefeririam que tivéssemos uma propriedade numa praia do Mediterrâneo! Tenho a esperança de ver, dentro de poucos anos, meus bisnetos brincando embaixo das macieiras.

**Todos os meus filhos e suas mulheres – quando elas querem – trabalham.** É verdade que suas carreiras profissionais não foram tão fáceis quanto as nossas. O emprego garantido dos anos 1945/1975 parece coisa de outros tempos. Eles penaram muito, mas em proporções perfeitamente aceitáveis para homens e mulheres de sua geração. Ainda bastante jovens para poder fazer projetos profissionais, bastante flexíveis para poder decidir mudar os rumos de suas vidas, eles estão à vontade nos ramos de atividades que escolheram. Como muitos, eles se queixam do excesso de trabalho. Não acho que isso seja um problema, nem eles; é melhor muito trabalho do que nenhum.

**Estou cercada por uma família numerosa** (irmãos, irmã, sobrinhas, sobrinhos, primos, primas etc.), um grupo de amigas hipersimpáticas e alguns casais de amigos fiéis. Com os que moram perto posso ir a um cinema, marcar encontro em um restaurante, falar bem ou mal de meus filhos e de meu trabalho sem que essas confidências sejam levadas adiante. Aqueles que moram mais longe me dão o pretexto para viajar e daí uma boa razão para arejar as idéias quando fico entediada.

**Meu cachorro sabe me demonstrar uma afeição incondicional** quando não tenho um companheiro, filhos ou netos à minha volta.

**Depois de quarenta anos de atividade profissional, minha aposentadoria**, complementada com meus trabalhos autorais, me assegura proventos bastante razoáveis, bem além da média dos de outros aposentados. Eles me proporcionam uma vida sem luxos, mas também sem frustrações. Dou muito valor a essa autonomia financeira que me permite não ter que pedir dinheiro a meus filhos. Os coitados já têm bastante contas a pagar sem ter que, ainda por cima, equilibrar as de seus velhos pais.[1] Às vezes até tive a satisfação de poder lhes dar uma ajuda financeira.

---

1 Não me considero pessoalmente ainda como sua "velha" mãe, mas estou ciente de que a seus olhos somos postos no rol de "velhos pais".

**Conservei muitas atividades**, grupos de amigos ou de colegas e centros de interesses para que o equilíbrio de minha vida não dependa inteiramente de meus contatos e de minhas relações com meus familiares.

Enfim, e sobretudo, **minha saúde permite que eu continue ativa**, livre, autônoma, e meu temperamento me incita a me sentir – ou a querer ser – muito mais alegre do que a maioria das pessoas da minha geração.

Vocês estão vendo que eu sou uma privilegiada.
Deveria estar me sentindo totalmente realizada. Feliz de ver toda essa criançada vivendo à minha volta. Orgulhosa de ter sabido transmitir a meus filhos e noras meu otimismo e minha alegria de viver. A prova é que todos eles, mesmo tendo amplo acesso a pílulas e a outros anticoncepcionais, decidiram colocar no mundo esse bando de filhos! Sinal evidente, a meu ver, de sua confiança no futuro e neles mesmos.

Feliz, orgulhosa, mãe e avó realizada, não tenho nenhuma razão para me queixar, **e no entanto...**

...**no entanto**
Cada vez mais me sinto lesada em meus sentimentos e meus relacionamentos como mãe, avó e sobretudo como sogra!

Meus filhos vão se afastando à medida que formam novas famílias; quanto a mim, eu acabei ficando sozinha.

Não consigo considerar essa quantidade de ternura e de apego como lucros e perdas.

Tudo bem, encontro todas as desculpas possíveis e imagináveis para a sua geração, confrontada com as condições de vida de hoje:

a) **Estao todos assoberbados.** Os casais em que ambos trabalham têm dificuldade para administrar o tempo na sociedade contemporânea, ainda mais que as pressões profissionais e os ritmos escolares nunca coincidem.

b) Como pais, eles têm que **pensar primeiro nos filhos.** Eles os vêem tão pouco durante a semana que têm boas razões de querer aproveitar os fins de semana só com eles.

c) **Não devemos transferir aos filhos o peso de nossa angústia de envelhecer,** nosso medo diant do tempo que passa, nosso pesar de vê-los, por sua vez, também envelhecer.

d) **Nunca foi fácil transpor o fosso entre as gerações.** Basta lembrar o relacionamento com nossos próprios pais para admitir a necessidade de liberdade de nossos descendentes. E tem mais: na nossa época, havia um certo respeito aos valores tradicionais de família que se impunham quase como uma evidência. Essas normas sociais, muitas vezes fonte de hipocrisia, permitiam que a coesão familiar fosse mais facilmente preservada, o que não acontece hoje com a diversidade de estilos de vida.

e) **É mais divertido estar com os amigos do que com os pais.** Quando tinha a idade de nossos filhos, assim como eles, eu preferia relaxar e me divertir com pessoas da minha geração a ir ao cinema ou almoçar aos domingos com a família.

f) **Eles são adultos e livres para levar a vida como quiserem.** Quando era jovem, nunca lhes pedi opinião sobre o rumo de minha vida pessoal e profissional. E, apesar de não me sentir culpada, tenho certeza de que não ficaram felizes com meus divórcios.

g) Com o passar dos anos, **os ursos não se transformam em labradores**. Passados os excessos passageiros da adolescência, os temperamentos bruscos se civilizam um pouquinho, os individualistas ficam conscientes de que não podem viver fechados, e os indiferentes admitem a importância da linhagem para o equilíbrio de sua prole. Mas lá no fundo realmente nada muda. Os gentis continuam gratos, enquanto os ursos só colocam um pouquinho de mel no seu vinagre, principalmente quando eles têm que pedir alguma coisa! O método "mamãezinha querida/beijinhos" funciona sempre!

h) **Os gentis labradores se apegam a uma só pessoa de cada vez.** Eles se tornam os melhores maridos do mundo, mas têm horror a se tornar árbitros dos conflitos evidentes ou latentes entre sua cara-metade e seus pais.

Já viram que, racionalmente, defini o problema. Mentalmente compreendo meu papel de mãe e avó moderna. Um terço babá, um terço a "chata de plantão" e um terço *a eterna mamãe*. Mas como diria o escritor Marcel Pagnol: *"Tudo depende do tamanho dos terços!..."*

Eis aí meu ponto fraco! Tenho cada vez mais a impressão de que aos olhos deles meu terço "chata de plantão" está em plena expansão, enquanto na bolsa de valores de seus investimentos afetivos meu terço "eterna mamãe" está em baixa. Até meu terço babá perde terreno à medida que seus próprios filhos crescem e que não tenho mais forças para cuidar dos netos entre 6 meses e 3 anos. A terceira geração, por sua vez, valoriza mais os amigos do que os primos, um curso de equitação/futebol/canoagem do que uma semana de feriados com a vovó, comer num desprezível McDonald's do que almoçar aos domingos três pratos e uma sobremesa feita em casa.

Há muito tempo, não há mais crianças em minha casa. Eu teria podido me acostumar e até apreciar uma certa liberdade que muitas vezes me fez falta na fase de mãe que trabalha. Nada de obrigações diárias, a possibilidade de nos encontrarmos pelo simples prazer de estarmos juntos. Poder vê-los, da mesma forma que nos anos 60, nós, mães que tivemos recurso à pílula, escolhemos tê-los. Esse programa estava de acordo com meu temperamento e meus hábitos de mulher liberada.

A tudo isso se acrescente o fato de que só tive filhos homens. No início, pensei que as relações talvez tivessem sido mais freqüentes e mais simples com filhas. Minha pesquisa junto a famílias mistas me provou que essa observação nem sempre era verdadeira:[2] as filhas se sentem muitas vezes mais íntimas de suas mães, mas podem também ter com elas relações muito mais violentas e agressivas.

Ingenuamente, eu até tinha a esperança de sair ganhando com a chegada de novos membros femininos à família. Trocar os pós-adolescentes de mal com a vida por homens vivendo com mulheres simpáticas me parecia um progresso incontestável. Só que eu tinha esquecido que eu me tornava para sempre, e para toda a minha ainda longa vida, A SOGRA. Ou melhor, *MINHA SOGRA*, como dizem todas as noras e todos os genros quando falam de nós com os membros de SUA FAMÍLIA, que não é e nunca será a nossa!

Falando com algumas sogras, tive a certeza de que meu mal-estar não tinha nada de excepcional. Na realidade, esse amor

---

[2] Esclareço que essa descendência exclusivamente masculina explica evidentemente a minha falta de experiência como mãe de filhas. Todas as considerações sobre o assunto contidas neste livro me foram sugeridas por minhas leituras ou por minhas entrevistadas que tinham filhos e filhas ou somente filhas.

materno exacerbado afeta toda a minha geração. Nosso coração de adulto sangra porque os amamos demais, ou pouco, ou mal, ou simplesmente porque ainda os amamos como se fossem criancinhas. Um apego que não teria mais razão de ser, segundo os cânones do individualismo contemporâneo e a psicologia ao alcance de todos.

Nós, que revolucionamos os relacionamentos entre os casais, conquistamos nosso lugar no mundo profissional, ganhamos a luta pelo direito de existir como pessoas de forma integral, por que ficamos tão desarmadas, tão pouco à vontade nesse penúltimo papel de nosso percurso?[3] Talvez precisamente porque esse papel ficou tão estereotipado que permaneceu como um arcaísmo no fluxo dos costumes em plena mutação.

Fui ouvir mais de cem sogras em toda a França. Confrontamos nossas experiências, sorrimos com nossas semelhanças. Este livro fala em nosso nome, NÓS, AS SOGRAS. Seu objetivo é simples: tentar despoluir, com palavras que não ousamos dizer em família, uma atmosfera muitas vezes carregada de subentendidos e de rancores. Espero que traga conforto à geração de avós[4] ao lhes mostrar a banalidade de seu próprio caso (é reconfortante saber que temos as mesmas preocupações que todo mundo). Espero também que esclareça a geração de jovens mulheres ao lhes indicar as raízes de grande número de nossos mal-entendidos.

---

3 O último ato, o da velhice, será mais difícil para nossos filhos suportarem do que para nós. As preocupações e as responsabilidades se inverterão.
4 Todas as estatísticas demográficas constatam que uma mulher por volta dos cinqüenta se torna sogra e avó em um curto espaço de tempo. Contanto que, evidentemente, não faça diferença entre o companheiro e a companheira de seus filhos e uma nora e genro "unidos pelo matrimônio".

Não tenho a pretensão de acreditar que ele vá resolver conflitos tão velhos como o mundo, nem que vá ajudar a entender melhor as dificuldades ligadas a novos hábitos, mas espero assim mesmo ajudar as "guerrilheiras" da família a desarmar muitas granadas afetivas. Quando entendemos o porquê desses desentendimentos, há mais chances de conseguir superá-los.

I

## Eternamente SOGRAS

Sábado à noite, horário nobre na televisão: numa loja de móveis usados, um senhor idoso não consegue se comunicar com o adolescente teimoso, protagonista da história, e grita irritado: *"Caramba, como você é chato; parece até uma sogra!"*. Ha, ha, ha, riso do responsável pelo programa, risadas da platéia. Vocês acham isso engraçado? Eu não.

Propaganda de uma operadora de telefonia oferecendo chamadas a preços reduzidos. Um jovem casal com ar ingênuo. Acima de sua foto, somente uma frase: *"Sinto muito, mas com preços tão baixos sua sogra vai lhe telefonar todos os dias"*. Vocês acham isso espirituoso? Nem eu.

Publicidade para conservas ou congelados, ainda no horário nobre, já que é preciso realmente uma grande audiência para tornar rentável um anúncio de alimentos de grande consumo:

– *Querida, diz o maridinho, meus pais vêm jantar esta noite...*

*— Meu Deus! — exclama a jovem esposa apavorada —, logo sua mãe que é tão difícil (é claro que é sempre a mãe do marido que tem o papel de megera, embora o pai seja sempre o mais exigente quanto à comida)!*
*— Mas não tem problema, com esse congelado ou esse enlatado, ela vai ficar maravilhada...*
*— Sua mãe? Duvido muito!*

Vocês comprariam esse produto por causa desse anúncio? Eu não. Mas, se uma empresa alimentícia gasta fortunas para divulgar essa mensagem em um horário de grande audiência, é porque há pessoas que gostam desse humor racista.

### Uma raça amaldiçoada

Eu disse isso mesmo: *racista*. Quando classificamos uma pessoa em uma determinada categoria, sem levar em conta sua individualidade, isto é racismo. Nós, as sogras, estamos assim condenadas de antemão na mente daqueles e daquelas que convivem conosco. Fazemos parte de uma raça cuja imagem será sempre vista de forma negativa ou ridícula. Maníacas, autoritárias, indiscretas, intrometidas, superprotetoras... A palavra "sogra" por si só provoca, infalivelmente, zombarias. Vocês sabem como os floristas chamam as enormes plantas vistosas com espinhos pontudos? "Travesseiros de sogra!"

O que não impede que haja algumas exceções a essa regra lamentável. Às vezes se ouve: "Sogras costumam ser chatas, mas até que a minha é simpática". "Como os "bons judeus", há também as "boas sogras!"

Na literatura francesa, o modelo da sogra-monstro sai da pena de François Mauriac no seu livro *Genitrix*. Ela chega ao ponto de matar a nora, com a conivência do filho para se ver, enfim, livre dela!

Esse crime em família parece pertencer mais ao universo da mitologia grega do que ao romance da Europa do século XX. Entretanto, esse livro foi escrito em 1923 e obteve um grande sucesso por corresponder, sem dúvida, a uma fantasia de seus leitores, e sobretudo de suas leitoras. Felizmente raros na vida real, esses crimes fazem parte de nosso imaginário. Que mulher não sonhou um dia ver "desaparecer" sua sogra de uma vez por todas? A recíproca é verdadeira. Hoje em dia, um contrato de separação de bens no momento do casamento, um divórcio amigável em caso de separação, ou uma casa de repouso que evite a convivência sob o mesmo teto tornam esses assassinatos, mesmo que sejam fantasias, supérfluos. Nenhum contrato entre dois seres pode ser considerado eterno *"até que a morte os separe"*. Não há mais espaço para grandes ódios. Conseqüentemente idéias ou tramas de assassinato já não têm mais razão de ser.

## Uma reputação nem recente nem ocidental

Essa má reputação das "SOGRAS" não é nem recente nem ocidental. *"Duas mulheres e um homem não podem viver sob o mesmo teto..."* já diz a sabedoria popular. Um ditado do interior da França vai ainda mais longe: *"Por mais que se cozinhem nora e sogra juntas, elas nunca ficarão no ponto"*. Porque é sobretudo a mãe do homem que é considerada a mais difícil de se aturar: a mãe da mulher não está a salvo de críticas, mas as brincadeiras em relação a ela são mais leves. Como mãe de quatro filhos, há muito tempo notei essa diferença entre os dois ramos da árvore genealógica. No decorrer de minha pesquisa, fiquei cem por cento convencida de que não se tratava de um delírio de perseguição pessoal. A maioria de minhas entrevistadas não hesitou um segundo em evocar suas dificuldades com os casais formados por seus filhos. Como mães, elas se queixaram mais de suas filhas, raramente de seus filhos. Já como sogras, elas sistematicamente acentuavam as divergências com suas noras, mas raramente se queixaram de seus genros. Em se tratando de desentendimento conjugal, elas até encontravam desculpas para os maridos de suas filhas, atribuindo na maioria dos casos as desavenças ao gênio difícil ou caprichoso dessas últimas.

Em todas as civilizações asiáticas ou orientais e nos países de religião muçulmana a mãe do marido é vista como fonte de angústia e de ódio. Compreende-se facilmente de onde vem essa imagem negativa. Na China e na Índia, o filho leva sua mulher para a casa de sua família e dá à sua mãe pleno poder sobre ela. A matriarca, por sua vez, desconta em suas noras o que sofreu sob o jugo da sogra.

Em seu livro *Mâ, a Índia ao feminino*, Liliane Jenkins faz a seguinte observação sobre o papel das mulheres "velhas" nas casas de seus filhos:

*A tradição exigia que uma mulher tivesse a terça parte da idade de seu marido. A Índia sempre teve um grande contingente de avós. Como nos últimos tempos os casamentos têm se realizado mais tarde, as casas estão sempre cheias delas, uma vez que os avós, em geral, já morreram...*

Essas constatações feitas na Índia estão de acordo com nossa própria situação demográfica. Na Europa, também, o hábito de o homem escolher uma esposa bem mais jovem que ele perdurou até a primeira metade do século passado. As candidatas a uma vida de dona-de-casa viam nisso muitas vantagens: mais valia fundar uma família com um senhor profissionalmente bem estabelecido do que lutar ao lado de um eterno estudante. Como os homens têm o péssimo hábito de morrer, em média, sete anos mais cedo do que as mulheres, além de ter uma propensão natural de sair de casa à cata de aventuras, podemos ver em todas as nações ocidentais um nítido excedente de avós/sogras, viúvas ou divorciadas.[1] Veremos mais adiante que a posição dessas mulheres junto ao casal formado por seus filhos é muito complexa, se comparada àquela de um casal de avós.

## "Donas" da vida familiar

Outra semelhança em todas as culturas e civilizações: a responsabilidade primordial das mulheres em matéria de educação e criação de filhos. Fomos tão bombardeadas com a noção de que os "novos pais" dividiriam conosco, agora, as tarefas diárias, que acabamos acreditando.

Um estudo recente do Centro Nacional de Pesquisa Científica (CNSR) avaliou, pela primeira, vez o "tempo dos pais" dissociado do tempo doméstico. Esse tempo foi calculado, em média, em 12 horas e 41 minutos por semana para os pais e 25 horas e 37 minutos para as mães.[2] Ou seja, o dobro! Além dis-

---

[1] A partir dos 50 anos, em caso de separação por falecimento, em três em cada quatro casos, o homem é o primeiro a partir. A partir dos 60 anos, a proporção de mulheres casadas diminui muito, enquanto, proporcionalmente, os homens raramente ficam sós. As viúvas terminam a vida sozinhas, mas os viúvos encontram muito facilmente uma nova companheira.
[2] Jornal *Le Monde*, 27 de maio de 2000.

so, os pais estão mais envolvidos nas atividades de socialização do que em qualquer outra atividade doméstica. Eles brincam muitas vezes com os filhos, conversam e saem com eles no fim de semana, os levam ao cinema, ao jogo... O tempo gasto em atividades domésticas mais ingratas, como lavar, trocar fraldas, vestir, dar de comer etc., fica a cargo das mães. Os pesquisadores ficaram espantados com o pouco tempo dedicado à ajuda nos deveres escolares: 6% para os homens e 10% para as mulheres.

Acrescentemos que, em treze anos, a participação dos homens nas tarefas domésticas aumentou somente dez minutos ao dia.[3] O jornal *Le Monde* afirma:

*Em 1999 as mulheres realizavam dois terços dos trabalhos domésticos: compras, cozinha, louça, roupa, cuidados com as crianças e com os idosos, pequenos consertos e jardinagem. Os homens dedicavam 2 horas e 30 minutos por dia aos trabalhos domésticos contra 5 horas para as mulheres. Se excluirmos a jardinagem e os pequenos consertos, e nos concentrarmos nas tarefas centrais da produção doméstica, veremos que 80% delas recaem sobre as mulheres.*

Marie-Agnes Barrere-Maurisson, pesquisadora no CNRS, conclui:

*São as mulheres que, mesmo estando em seu local de trabalho, pensam no cardápio da semana. É para o celular delas que os filhos ligam de casa. É delas também a responsabilidade da administração doméstica.*

---

3 Primeiros resultados de uma pesquisa nacional sobre o Emprego de Tempo publicada na edição 1999/2000 de *France, Portrait Social*.

A era dos "novos pais" seria, então, mera utopia?

A disparidade entre as atividades feminina e masculina junto aos filhos e dentro de casa continua sendo, então, um dado permanente de nossa organização familiar. Enquanto isso não mudar, os conflitos sobre os métodos educativos e os afazeres domésticos sempre existirão entre as mulheres de uma mesma família. Os homens de um mesmo clã, achando que isso não lhes diz respeito, se sentem muito mais à vontade. Eles eventualmente expõem suas divergências sobre esses princípios, mas isso não é motivo de briga.

Desde que o mundo é mundo, em todos os continentes, em todas as culturas, de geração em geração, as mulheres continuam a ser as donas da vida familiar. Tanto fogões como berços foram, são e serão fontes de conflitos.

Símbolo absoluto desse desentendimento, sogras/noras: a massa italiana. Todo um povo, campeão de uma tradição culinária refinada, se apaixona pela arte e pela maneira de cozinhar espaguete, talharim e lasanha. As massas devem ao mesmo tempo ficar firmes e estar no ponto certo, nem muito gordurosas nem muito suculentas. Fartas, mas sem desperdício. Nessa competição essencial à harmonia das refeições, qual é o referencial indiscutível? A massa da *mamma*, é claro. Aquela que durante toda a infância representou para o menininho o máximo do comer bem e a prova material do amor materno. Como um macho italiano raramente cozinha, está perdido sem sua *mamma*: a sua ou, na segunda metade da vida, a de seus filhos, ou seja, sua mulher. Como evitar, nessas condições, que se deflagre uma terrível competição entre as duas "mulheres de sua vida"?

## Cuidado com o complexo de Mamma

Anne Le Nir, correspondente em Roma, declara: *"A mamma continua sendo o pilar da sociedade italiana"*. Segundo ela, a ligação visceral dos italianos com suas mães constitui um sólido sistema de ajuda mútua na península, mas também apresenta vários efeitos perversos.

*O mammismo, termo que significa apego excessivo de um filho à sua mãe, permanece imutável. Uma pesquisa muito recente do Instituto Nacional de Estatísticas, o Isdat, confirma que 43% dos casais com menos de 65 anos moram a menos de um quilômetro da casa de uma das mammas. E os outros? Bem, para se consolar da distância, tão visceralmente insuportável, os filhos lhes telefonam ao menos uma vez ao dia e as visitam no mínimo uma vez por semana.[4] Nos casos mais dramáticos, por exemplo, se residem a cerca de mil quilômetros de distância delas, fazem esse percurso uma vez por mês. Dez milhões de solteiros entre 18 e 34 anos se beneficiam da ajuda de sua querida mamãe, sempre disponível. Eles as tratam como empregadas domésticas modelo, colocando-as ao mesmo tempo, simbolicamente, sobre um pedestal.*

É fácil entender a raiva que as jovens esposas italianas sentem de suas sogras, que lhes confiam bebezões exigentes e imaturos, acostumados a serem servidos como reis! Entretanto, podem essas mesmas jovens garantir que não farão o mesmo quando forem sogras, se tiverem o privilégio de ter um ou vários filhos homens?

Não pensem que as italianas sejam as únicas mães desse estilo. As mães judias dividem com elas – com ou sem razão –

---

4 Que paraíso para as mães, essa Itália, mas que inferno para as recém-casadas!

a mesma reputação. A esse propósito me contaram a seguinte piada, que diziam ser engraçada:

*Pergunta: Qual a diferença entre um pitbull e uma mãe judia?*
*Resposta: O pitbull ainda larga a presa... a mãe judia, nunca...*

Vejam bem: essa paixão da mãe judia por seus filhos data de milhares de anos, e tem raízes profundas nas crenças religiosas. No admirável filme *Kadosh*,[5] o homem religioso se levanta de manhã e faz uma prece, agradecendo ao Todo-Poderoso não ter nascido mulher! A religião convence os judeus há muito tempo de que somente os homens podem servir a Deus, que as mulheres são tão impuras que devem dormir em camas separadas em certos dias do mês etc. Nada é feito para valorizar o papel das mulheres na sociedade; elas são feitas só para ter filhos, trabalhar, cuidar do bem-estar da família... e para ficar caladas. E aceitam de tal maneira essa supremacia masculina que naturalmente acabam descontando nas outras mulheres as frustrações acumuladas.

Quais são as primeiras mulheres que nos irritam ao interferir na nossa vida particular? Nossa mãe e nossa sogra. E as primeiras que nos exasperam ao não respeitar à risca nossos hábitos e tradições? Nossa filha e nossa nora.

## As três revoluções de nossos dias

Atualmente, quando o status das mulheres na sociedade ocidental evoluiu consideravelmente, poderíamos imaginar que os papéis das gerações no meio familiar tivessem mudado. Na

---
5 Filme de Amos Gitai, diretor israelense.

maioria dos países ocidentais, particularmente na França, vários fatores iriam se conjugar para "amenizar" as relações dentro da família:

1) A atividade profissional das mulheres não pára de crescer: 80% delas na faixa de 25 a cinqüenta anos exercem uma profissão e se sujeitam a uma dupla jornada; 60% das que têm entre cinqüenta e sessenta anos ainda trabalham e dispõem de pouco tempo para implicâncias. Daí que as picuinhas tradicionais foram substituídas por um novo estilo de colaboração entre mães e avós ativas.

2) A longevidade revolucionou totalmente as etapas da vida. Os jovens prolongam seus estudos, vivem muito mais tempo na casa dos pais, casam-se mais tarde (quando querem, senão simplesmente vão morar juntos, sem mais formalidades), têm filhos por volta dos trinta anos. A geração dos avós ainda continua em plena forma e ativa no momento da maturidade e mantém centros de interesse fora do circulo familiar. A maioria das mulheres com mais de cinqüenta anos se recusa a viver somente para e por seus netos. Essa semelhança de modo de vida entre duas gerações de adultos simplificaria as relações.

3) Os progressos do século XX e a atual revolução tecnológica tornaram obsoletas as virtudes da experiência. A transmissão dos valores e do *savoir-faire* já não passa obrigatoriamente de pai para filho. Provavelmente menos ainda de mães para filhas. No quesito puericultura, por exemplo, a maneira de criar os filhos e a alimentação dos bebês estão melhorando e se simplificando a cada ano.

Josiane, vovó de primeira viagem, levou um "pito" de sua nora quando colocou a mamadeira no microondas: "Não se deve esquentar a mamadeira. Meu pediatra disse que ela deve ser dada fria..." Quando lembramos as idas e vindas entre o aquecedor de mamadeiras e a torneira de água fria, feitas para servir a essas pequenas majestades um leite à temperatura ideal, nem muito quente nem muito frio, não estamos necessariamente dispostas a admitir que o leite frio seja melhor para a digestão!

Essa mudança de gestos e métodos, entretanto, deveria tornar as mulheres mais velhas menos seguras de si e evitar o complexo das novatas na função de mães de família. Quando as verdades eternas do amor materno se tornam menos absolutas, as divergências perdem sua força.

Na minha juventude havia um ditado: *Se a juventude soubesse, se a velhice pudesse...* Hoje em dia, o inverso seria mais apropriado. Os conhecimentos dos jovens lhes permitem entrar sem dificuldades no século XXI, mas lhes faltam os meios para realizar suas ambições. Os mais velhos, ao contrário, dispõem de saúde e de um nível de vida melhor do que os da geração de seus pais, mas sentem-se intimidados pela aceleração dos conhecimentos necessários para compreender a sociedade que se abre diante deles, nos trinta ou quarenta anos que ainda têm por viver.

## Nada fácil superar as diferenças

Para ser honesta, devo reconhecer que, apesar desses bons motivos para superar as diferenças entre as gerações, os problemas não são resolvidos mais facilmente agora do que antes. Hoje, como ontem, a reputação das sogras não é nada boa.

Quando um comediante declara *"Adoro minha sogra, ela é tão sensual..."*, a platéia vem abaixo. Quando uma amiga diz *"Adivinha quem vem jantar na minha casa hoje? Minha sogra!"*, nunca lhe ocorreria a idéia de invejá-la mesmo que a sogra seja médica, grande especialista em doenças genéticas e conte coisas muito interessantes sobre suas pesquisas: toda conotação da palavra "sogra" é "per se" negativa.

A leitura de revistas femininas nos dá inúmeras oportunidades de constatar essa difamação sistemática. Um exemplo recente é o artigo da revista *Elle, Tal mãe, tal filho?*, com o subtítulo *"Ao conhecermos um homem temos que levar em conta sua mamãezinha e as relações entre eles. E você, com quem está lidando?"* A partir daí começa o massacre. A influência da "mamãezinha" é sempre uma catástrofe. A lista de adjetivos para qualificá-la prova isso: depressiva, possessiva, mal-amada, castradora, vaidosa, frustrada etc. Eis a razão, cara leitora – evidentemente bonita, inteligente, generosa e, no entanto pouco à vontade no seu relacionamento, do porquê seu homem se mostra fraco, violento, intransigente, cheio de complexos, mal resolvido, machista etc. E, por que não, atormentado por uma homossexualidade recalcada?

Encerrando essa dupla página caricatural, o último parágrafo do artigo pergunta sobre a mãe ideal:

*Graças a Deus, ela não existe! Exclamam em coro os "psis".*
*O máximo que podemos desejar a um rapaz é uma mãe realizada, feliz em seus relacionamentos com os homens e que mostre para seu filho que, apesar de se darem bem, ele não representa tudo para ela.*

Sim, essas mães "realizadas" e "felizes em seus relacionamentos amorosos" existem e existiram em todas as gerações! E, além disso, amam profundamente os filhos e não somente os filhos homens. Estive com dezenas delas em toda a Europa. Dessas não se fala nunca nas revistas, certamente porque pessoas felizes não têm história. Uma jornalista da revista *Elle* a quem fiz essa observação deu essa resposta estranha:

*Estamos sempre preocupadas em defender o ponto de vista de nossas leitoras. Ora, nossas leitoras são eternamente jovens. São, evidentemente, mulheres e não avós!*

Devo então concluir que avós deixaram de ser mulheres?

## Filho, fonte essencial de felicidade

Uma última observação referente à imagem das mães veiculada pela mídia. O discurso em voga valoriza ao extremo o papel da jovem mãe ao lado de seu "filhinho". Ela deve alimentá-lo, protegê-lo, devotar-lhe um amor incondicional, assegurar seu bem-estar físico e seu desenvolvimento afetivo. A maternidade nunca foi tão indispensável ao equilíbrio de uma mulher. É o que provam todas as pesquisas.

Em fevereiro de 2000, a pedido da revista *Madame Figaro*, um instituto de pesquisa fez uma sondagem sobre a felicidade com francesas com mais de 18 anos. A pergunta era: *Entre os seguintes fatores, quais os dois mais importantes para a felicidade das mulheres?*". As repostas foram bem claras:

1) Os filhos: 68% (57% em fevereiro de 1980)
2) O casal: 44% (44% em fevereiro de 1980)
3) A profissão: 40% (25% em fevereiro de 1980)
4) A casa: 5% (18% em fevereiro de 1980)
5) A sexualidade: 4% (7% em fevereiro de 1980)
6) A religião: 2% (4% em fevereiro de 1980)

Esses resultados me deixaram boquiaberta. O filho-rei (68%), ídolo de uma sociedade sem sexo (4%) e sem religião (2%), o filho-talismã indispensável à realização das mulheres liberadas que conquistaram lenta mas firmemente seu lugar na sociedade dos homens; quem imaginaria isso há trinta anos? Quando lutávamos para legalizar o controle da natalidade, os adversários do planejamento familiar previam o fim de nossa sociedade. Segundo eles, se as mulheres fossem livres para escolher o número de filhos e a hora certa para tê-los, assistiríamos antes do fim do segundo milênio a uma dramática queda na taxa de natalidade. A França e a Europa desapareceriam pouco a pouco, por falta de braços e de cérebros jovens para tocar sua economia. Longe de dissuadir os jovens casais de fundar uma família, a pílula resgatou o prazer de criar filhos desejados e planejados.

### A ALEGRIA COM OS FILHOS DURA POUCO

Infelizmente, essa imensa alegria da maternidade dura mesmo muito pouco. No máximo vinte anos de felicidade, na longa vida das mulheres do século XXI. É pouco. E, dizendo vinte anos, estou sendo extremamente otimista. A idade ingrata dos pré-adolescentes começa cada vez mais cedo e dura cada vez mais, o que limita a doze ou treze anos a osmose total com a filha querida e a catorze ou quinze anos o relacionamento idílico com o filho. A maioria das cinqüentonas de nossos dias viverá até mais de 90 anos.[6] Segundo as recomendações do individualismo reinante, deveriam parar de interferir na vida de seus rebentos, a não ser que eles peçam, explicitamente, sua

---

6 Essa não é uma opinião pessoal, mas uma certeza demográfica. No entanto, quando se diz a uma ou outra para pensar em seu futuro, levando em conta uma longevidade de 90 ou cem anos, ela protesta: *"Viver tanto, de jeito nenhum!"*.

ajuda ou sua presença. Na condição de avós maternas, ainda podem ter a esperança de que suas filhas recorram a elas; já como sogras, elas devem manter-se à distância do dia-a-dia dos filhos, tentando ser o mais discretas possível.

Aqui não se trata de recriminar os jovens por desejarem ser independentes, por preferirem a companhia de seus colegas e amigos íntimos (a quem confiam seus amores, suas tristezas, suas conquistas bem mais facilmente que a seus pais), por não pedirem uma opinião ou um conselho – embora nossa experiência pudesse muitas vezes lhes ser útil –, por nos deixarem para sair de férias com a turma, por nos mentirem ou nada nos dizerem, por nos pedirem dinheiro quando gastam a torto e a direito, por ficarem bravos quando fazemos uma observação que lhes desagrada. Sabemos bem que tudo isso faz parte de nosso quinhão de pais e que nós nos comportamos do mesmo modo. Essa revolta de nossos filhos mostra uma vontade de construir, por si próprios, um futuro e, para nos consolar, a aceitamos como um sinal positivo da educação que lhes demos.

Eles lutam contra nós? Melhor assim. Isso prova que têm personalidade e que não os criamos como carneirinhos, despreparados para a hora em que terão que lutar por um lugar na sociedade. A forma de se descartarem de nós não significa falta de afeto. Muito pelo contrário (salvo caso de total ruptura com pais odiosos)[7], de vez em quando eles gostam de voltar ao antigo ninho para serem paparicados, e aproveitam a ocasião para pedir à mamãe o favor de lavar e passar sua roupa suja.

Entretanto tudo muda quando vão morar com alguém, sobretudo no caso dos homens. Após um último pedido de dinheiro ou ajuda braçal para arrumar suas casas, as relações co-

---

7 O que não é, estou certa disso, o seu caso nem o meu.

meçam a se estremecer, os laços de ternura se afrouxam, o paraíso do amor materno se torna pouco a pouco um purgatório.

Depois de terem vivido anos de fusão total, ou pelo menos compartilhada, as mães deveriam achar normal colocar um ponto final nessa intimidade. Aprender a se retirar na ponta dos pés do cotidiano desses seres queridos, cujos gestos, risos, suspiros ocupavam até então um lugar primordial em nossas alegrias ou nossas preocupações, não é nada fácil. Não é nada fácil, nem agradável.

E vocês ainda queriam que não ficássemos frustradas?

II

## Somos todas sogras frustadas

Elas se chamam Françoise, Jacqueline, Bernadette, Michele, Nicole, Monique, Simone ou todas as variedades de Marie. Ia esquecendo as Christianes, numerosas nas gerações francesas de antes da guerra.

As filhas e noras têm nomes mais sofisticados: Florence, Catherine, Valérie, France, Chantal, Cécile, Laure, Isabelle, Marie e ainda todas as outras Maries.

Já os filhos e genros têm nomes mais clássicos: Pierre, Jean, Thierry, Vincent, Antoine, Marc, David e todos os Jeans. Normalmente os filhos homens, mais que suas irmãs, recebem o nome de alguém da família materna ou paterna. A família paterna sempre influenciou muito os jovens pais.

Quanto aos netos, impossível fazer uma lista de seus nomes, tamanha é a diversidade. Voltam com força total os nomes antigos: Charlotte, Juliette, Jeanne, Josephine, Agathe, Antoinette, Victor, Jules e até Leon e Jehan. Os nomes exóticos estão na moda faz algum tempo, sejam eles anglo-saxões (Kevin, Anthony, Marilyn, Amanda etc.), sejam eles russos (Sacha, Nathasha, Boris, Ivan). Já os emigrantes africanos perpetuam nomes de seus países de origem (Rachid, Ahmed, Medhi, Aicha, Gania, Yasmina etc.). Ninguém sabe para que lado soprará o vento na próxima geração.

## Hoje em dia idade não quer dizer nada

Durante minha pesquisa anotei, cuidadosamente, todos esses nomes em três gerações. Mas, ao citar minhas entrevistadas, decidi embaralhar os nomes para despistar. Elas foram tão sinceras nas suas confidências que eu não quis correr o risco de semear a discórdia em suas famílias. Nunca se sabe se uma amiga "bem-intencionada" ou uma leitura casual não iriam envenenar relacionamentos ainda fragilizados por certos assuntos delicados. Também omito a idade. Essa mania de classificar as pessoas por data de nascimento me irrita. Não se ouve mais falar de um político ou de uma atriz sem que se fique sabendo que ele tem 62 anos (subentendido: ainda tem um belo futuro pela frente), ou que ela completou seus 52 anos (subentendido: ela até que está bem conservada, mas não é mais nenhuma garotinha). Hoje em dia, a idade oficial não quer dizer nada; comprovei isso ao me encontrar com todas essas sogras. Algumas, entre cinqüenta e 55 anos, parecem de outra época, com seus cabelos grisalhos, presos num coque, ou com penteados bem-comportados; outras, lá pelos setenta anos, ainda usam jeans e se correspondem com os netos por e-mail... Um recente estudo de mercado contabilizou mais de 600.000 vovós "internautas" na França!

Assim, não procurem identificar minhas entrevistadas através de suas confidências. Caso vocês "reconheçam" um fato de sua vida privada, ou um nome conhecido, não foi porque alguém disse alguma coisa e nem mesmo se trata de uma indiscrição de minha parte, mas sim de mera coincidência. É que, simplesmente, sua experiência como sogra é semelhante à de milhões de mulheres ocidentais que se sentem frustradas em seus relacionamentos com os casais formados por seus filhos.

Quando as coisas não vão bem, a maioria das sogras procura entender a causa do mal-entendido.[1] Elas ficam remoendo os fatos, acham explicações de fundo psicológico – baseando-se no passado umas das outras –, recriminam-se, só choram às escondidas, dando mostras de grande discrição.

Duas exceções a esse sentimento de culpa tão comum nas sogras clássicas:

**As radicais**: não admitem o menor deslize dos jovens em relação a princípios considerados indiscutíveis e que sempre prevaleceram na sua família;

**As de personalidade forte**: tiveram filhos e nem por isso deixaram de ter uma vida de sucesso, e se recusam, nessa idade, a deixar que "estraguem" sua vida com aborrecimentos sem importância.

## Princípios e colares de pérolas

As radicais vêm, geralmente, de famílias tradicionais e religiosas e só conhecem um modelo de vida: o delas. Elas são

---

[1] Hesitei muito entre as palavras "desentendimento" e "mal-entendido"; mas me dei conta de que ambas implicam incompreensão por falta de comunicação; uma ou outra seria, portanto, apropriada, já que a maioria das dificuldades familiares se deve a uma falta de explicação ou a uma má interpretação do que foi dito.

encontradas, essencialmente, nas "boas famílias" do interior, onde há quase sempre um militar, uma grande propriedade malconservada e terras que passam de geração a geração. A sogra desse estilo, quase sempre muito beata, sempre conservadora e um pouquinho racista, acolhe, de braços abertos, as noras do seu meio social. Se possível, os sogros serão velhos amigos que conheceram nas férias de verão, na praia ou em uma associação beneficente a serviço dos "pobres" da paróquia ou da comunidade.

Em uma cidadezinha do interior, encontrei um verdadeiro protótipo desse tipo de sogra, vestindo uma saia longa azul-marinho, um colar de pérolas e com a casa decorada com bibelôs de metal prateado. Marie Françoise é honesta ao admitir:

> *Dei muita sorte com meus três filhos mais velhos, que fizeram "bons casamentos" – tenho até um genro tabelião, como meu marido. Mas o quarto filho vive com uma mestiça budista.*[2] *Eles não pretendem se casar, nem mesmo agora que ela está grávida. Meu marido e eu estamos sofrendo muito com esta situação; certamente que meu filho sabe muito bem o que pensamos, por isso ele aparece cada vez menos...*
> – *O que vai fazer quando o bebê nascer?*
> – *Tudo vai depender da atitude do meu filho. Se ele nos pedir para ir ver o bebê, nós iremos... e até levaremos um presente...*

Esse "até" me pareceu cheio de subentendidos e tenho muito medo que esse bebê "fora dos padrões" não seja acolhido no coração dos avós com a mesma alegria "legítima" com que foram recebidos seus primos e primas.

---
2 O cúmulo do mau casamento, sem casamento.

As radicais me deram a impressão de serem menos frustradas que as outras sogras. A convicção de estarem com a razão lhes dá uma espécie de conforto interno. Elas são as únicas que ficam zangadas com um filho ou filha que transgride seus dogmas. Contaram-me a história de uma mãe judia que usou luto durante um ano quando o filho se casou com uma "goy".[3] Ela nunca mais os viu! Nem ele, nem a mulher, nem as crianças.

Felizmente essas rupturas definitivas são raríssimas. Só encontrei duas ou três durante a pesquisa.

## Lúcidas e sem ilusões

Há outras sogras bem-sucedidas: as mulheres fortes. Personalidades firmes, com um sucesso profissional ou artístico que satisfaz seu ego, elas são francas ao admitir que não estão prontas a aceitar tudo em nome do amor materno. Dão prova de uma rara lucidez que lhes permite não ter ilusões. Aceitam o que lhes é oferecido e procuram fora do círculo familiar alguma forma de satisfação.

Também fazem parte desse grupo as sogras que se casam de novo, depois de uma viuvez ou de um divórcio. Os novos amores se tornam a sua grande prioridade. Os filhos, habituados a tê-las à sua disposição, geralmente não aprovam a segunda união de suas mamães.

Reclamação de uma nora cuja sogra vive um idílio com um viúvo de sua idade:

*Minha sogra nos comunicou, sem rodeios, que não podíamos contar mais com ela para ficar com nossos filhos um mês na casa de cam-*

---
[3] Goy ou goi: nome dado pelos judeus às pessoas que não seguem seu culto.

*po no próximo verão. Parece que isso cansa seu namorado. Os dois pombinhos preferem fazer suas caminhadas a sós. Que exagero!*

E vocês, meus jovens, fazem alguma cerimônia para mudar, na última hora, as datas de sua estada em nossa casa, planejadas com muitos meses de antecedência para tentar satisfazer igualmente irmãos e irmãs? Se nos sentimos culpadas por não estarmos presentes nas duas semanas que lhes convêm, vocês afirmam que não há problema, podem muito bem se virar sozinhos... Pode ser que sejamos maldosas, mas qualquer coisa nos diz que essa solução lhes convém. Assim vocês podem fazer desordem na casa sem serem importunados.

Costumo dizer que a sogra nunca tem razão! Se conservamos nossa independência, evitando ser um peso na vida das jovens famílias, somos acusadas de egoístas e frívolas. No entanto, se estamos prontas para investir uma parte de nosso tempo para cultivar a arte de ser avós, dar uma mãozinha ou cozinhar os pratos prediletos de nossos antigos "pimpolhos", nos dão a entender que seria melhor ter uma atitude mais reservada.

## Quanto menos nos vemos, melhor nos entendemos

Quantas vezes sentimos que, quanto menos nos vemos, melhor nos entendemos?!

Jacqueline tem a coragem de encarar as dificuldades de sua relação sogra/nora:

*Não acho que minha nora não goste de mim; acho que lhe sou totalmente indiferente. Talvez nos tenhamos conhecido tarde demais. Trata-se da mulher de meu filho caçula, muito mais jovem que ele. Como não fui uma mãe precoce, temos quase quarenta anos*

*de diferença. Ela é muito bonita e meu filho faz todas as suas vontades. Feliz e dominado. Não posso contar com ele, nem para me convidar para sair de vez em quando, sem a autorização de seu "Ministro do Interior".*
*Outro dia, Veronique me ligou. Fiquei admirada, pois isso raramente ocorre. Ela tinha discado o número errado no seu celular! Não pude me conter: "Só assim você me telefona...". Ao dizer isso, pensei cá comigo: deveria ter ficado calada. No entanto, ela riu. Tenho a impressão de que desde esse dia ela ficou um pouco mais amável. No fundo talvez estejamos erradas de não nos falarmos com mais freqüência.*

Admiro essa lucidez. Como a maioria das sogras clássicas, nessa situação, eu não teria ousado falar assim, nem mesmo brincando e com a melhor das intenções...

Um dia, querendo ser amável, fiz um elogio a uma de minhas noras; observei, a propósito de uma de suas amigas, que é *fashion-addict*:[4] *"Pelo menos você não é do tipo que gasta todo o dinheiro do marido nas butiques"*. Estava sendo sincera: acho essa nora muito equilibrada em seus gastos com roupas. Mais do que as outras. Ela devolveu no ato: *"Por que está dizendo isso? Acha que ando mal-vestida?"*. Eu não soube o que dizer, mas aprendi a lição: até os elogios podem ser mal interpretados!

Enquanto nossos filhos estão apaixonados, devemos ter muito cuidado em relação a seus parceiros. Genros e noras têm um trunfo que não temos: o domínio pela sexualidade. Além disso, as jovens mães ainda dispõem em seu arsenal de dissuasão de uma arma pesada: nossos netos. Para termos o direito

---

4 A tradução literal seria "loucas por roupas", mas a palavra americana é mais forte, porque subentende uma dependência a alguma droga pesada...

de desfrutar sua presença, de vê-los, de mimá-los, de alegrar nosso coração, dando-lhes ternura, devemos nos mostrar dóceis, devotadas, discretas, e, se possível, generosas. Senão corremos o risco de nos colocarem em quarentena.

## O fim da espontaneidade

Uma encantadora artista plástica, dinâmica e lúcida conta seus dissabores com a nora n° 2, recém-chegada à vida de seu querido filho mais velho. Após ter contado em detalhes as grosserias e caras feias que atura para não correr o risco de se indispor com seu filho, conclui sorrindo:

*Geraldine decidiu que queria o marido só para ela. Ela não suporta a atmosfera de nossas grandes reuniões familiares. Nosso humor talvez um pouco mordaz, mas sem maldade, nos permite dizer algumas verdades em tom de brincadeira. Essa foi sempre a base do diálogo entre irmãos, que se entendem por meias palavras. Geraldine não tolera nem esse recurso sistemático à ironia, nem nossos subentendidos, nem mesmo nossos acessos de riso. Refleti muito e não vejo como nosso relacionamento poderia melhorar com o tempo.[5]*
– *Mas, então, o que é preciso fazer para manter boas relações e continuar a ver os netos?*
– *É preciso TOMAR CUIDADO!*

---

[5] Podem melhorar com o tempo e boa vontade de ambas as partes. Greta, a nora alemã de uma amiga, teve muita dificuldade no início de sua vida na França; ela não entendia os trocadilhos do marido e dos irmãos dele. Dez anos mais tarde, falando francês fluentemente, ela se diverte com eles.

TOMAR CUIDADO... Todas as nossas frustrações nos relacionamentos com os filhos adultos vêm daí: a necessidade de "tomar cuidado". Não somente quando o clima está tenso, mas até mesmo quando tudo vai bem. Apesar de nunca estarmos totalmente à vontade, não estamos suficientemente na defensiva, ficando às vezes um pouco desatentas. Nosso lema, como sogras, deveria ser: "Freia tua língua, domina teus gestos, reprima teus impulsos..."

TOMAR CUIDADO... Esquecer os entusiasmos e ímpulsos, ceder espaço, aceitar a dispersão de sua família, para deixar aos jovens casais a oportunidade de criar a sua própria; vê-los modificar os hábitos da infância sem reclamar, para que os de seu cônjuge se encaixem no equilíbrio de sua vida em comum.

Nossa maturidade implica pôr um fim em toda manifestação de total espontaneidade no relacionamento com nossos filhos. Como os macaquinhos chineses da Sabedoria, devemos fechar os olhos (para não ver os momentos de turbulências entre os casais), tapar os ouvidos (para não ouvir as observações irônicas sobre nossas manias ou nossas idéias) e principalmente a boca (para não correr o risco de expressar pensamentos ou opiniões que poderiam ser mal interpretados por eles depois de irmos embora).

Sem essa filosofia dos três macaquinhos, arriscamos muitos mal-entendidos! Cuidado para não dar nossa opinião sobre decisões importantes, a não ser que nos peçam com insistência. Ainda que tenhamos certeza de que suas escolhas não sejam acertadas, o melhor é não nos metermos. De qualquer maneira, farão o que lhes der na cabeça. Se der certo, ficarão aborrecidos com nossas advertências. Se falharem, nos culparão por estarmos com razão.

Claudette tem um filho de 27 anos, já pai de dois filhos. Sua nora se queixa constantemente de estar exausta e sobrecarregada:

*Eu tinha certeza de que teriam filhos assim que fossem morar juntos. Teria preferido que se organizassem melhor, que encontrassem uma boa casa, que esperassem que a situação de Thierry ficasse estável. Dei minha opinião; já se passaram três anos e minha nora ainda não me perdoou. Ela pode estar exausta, os nervos à flor da pele, mas não me pede para tomar conta de seus dois garotinhos. Veja bem: dois bebês com quinze meses de diferença!*
*De vez em quando não resisto e ligo para meu filho sugerindo que eles deixem as crianças comigo durante o fim de semana. Ele e a mulher poderiam aproveitar para dormir até mais tarde, o que lhes faria muito bem. Cada vez ouço a mesma resposta: "Escuta, mãe, não sei o que está programado. Vou perguntar à mãe deles". Dois dias depois chega o veredicto: "Este fim de semana vamos para a casa da avó dos meninos (uma graça essa maneira de chamar a mãe de minha nora. A avó... e eu então, sou o quê?). Fica para outra vez...".*
*Levei anos para aceitar que os teria pouco em minha casa.*
*Aceitar com a razão, não com o coração.*

## Uma inevitável passagem para o segundo plano

Eis a razão pela qual conheci tantas sogras frustradas. No fundo, no fundo, elas nunca aceitam essa distância que se estabelece entre seu papel de mãe toda-poderosa, quando os filhos eram pequenos, e essa passagem progressiva, quase inevitável para o segundo plano, quando o tempo as relega ao banco de reservas. Elas ainda podem se considerar privilegiadas se, de vez em quando, no Dia das Mães ou no Natal, são reconduzidas ao trono de rainha-mãe por algumas horas. Ou quando pedem sua ajuda durante as férias prolongadas ou em caso de extrema urgência (uma doença, uma mudança, um imprevisto no trabalho ou ausência da babá).

Podemos perfeitamente entender seu mal-estar: elas não são mais o personagem central. Tendo criado seus filhos no culto do individualismo (de quem é a culpa, senão delas mesmas?), para não dizer do egocentrismo triunfante, como querem que eles se sintam com deveres para com seus pais, como antigamente?

## Cuidado com o sentimento de culpa

Cuidado também com o sentimento de culpa que ronda as mães que exercem uma profissão, agora aposentadas e com os filhos saindo de casa quase ao mesmo tempo! Muitas jovens mães nos anos 1960/1980[6] lutaram para ter o direito de seguir desempenhando sua profissão, ganhar a vida, assegurar sua autonomia. Naquela época, a geração de nossos pais criava dificuldades quando as filhas se recusavam a optar pela vida de mãe e de dona-de-casa. Apesar de suas acrobacias de supermulheres, essas pioneiras se arrependem de não terem estado presentes para dispensar toda a atenção que gostariam de ter dado a seus filhos. Consciente ou inconscientemente, pensam poder recuperar o tempo perdido, agora que se sentem mais disponíveis em seu ninho vazio, onde ficam frente a frente com maridos, também aposentados, que não se adaptam à própria mudança de ritmo.

---

6 Até 1980, a maioria das mães, entre 25 e cinqüenta anos, eram donas-de-casa. Foi somente a partir de 1984 que mais que 50% das jovens mães passaram a exercer uma profissão. Hoje a proporção na França é de 80% de mães que trabalham para 20% de donas-de-casa. Pode-se compreender as diferenças de mentalidades observando as gerações que surgiram dessa mutação sociológica.

Infelizmente, nos relacionamentos com nossos filhos, o que passou não se recupera mais. Nossos filhos, quando adultos, podem nos criticar por não termos nos dedicado bastante tempo para mimá-los quando íamos correndo para o escritório nos dias de folgas escolares, ou quando não podíamos escapar de uma viagem profissional no dia de seu aniversário. Nem por isso, agora, já adultos, querem ser paparicados. De agora em diante um/uma – ou muitos/as – ou outros/as se encarregam disso, e, no fundo, é bem melhor que seja assim.

A sorte está lançada. Nem com a maior boa vontade se pode reconstruir os relacionamentos sobre novas bases; continuamos com todas as "marcas" afetivas vindas da infância ou da juventude.

## A sogras das sogras

Perguntei às minhas entrevistadas que imagens guardavam de suas próprias sogras, do tempo de sua juventude, para entender o que é inerente ao eterno status de sogra. Setenta e cinco por cento delas admitiram que não tinham lembranças "maravilhosas" da mãe de seu marido. Vejam quatro perfis dos mais recorrentes citados por essas ex-noras que, por sua vez, se tornaram sogras:

*Minha sogra não era nada fácil; ela tinha a mania de mandar no marido e nos filhos. Era uma mulher corajosa e autoritária. Entramos em choque logo que me casei. Na época não se podia faltar com o respeito aos pais do marido, nem fugir das reuniões de família. Nós estabelecemos um status quo, misto de consideração e cortesia mútuas. No fim de sua vida, eu cuidei bastante dela e ficamos muito próximas.*

*Minha sogra era uma criança mimada*, superprotegida pelo marido e não admitia que a contradissessem ou lhe criassem contratempos. Quando entrei na família, ela logo entendeu que eu não tinha intenção de passar meu tempo livre escutando sua tagarelice ou suas queixas. Coloquei limites em nossos encontros. Ela me cansava e eu não tinha a menor disposição em deixar seus caprichos envenenarem nosso casamento. Como meu marido gostava muito dela – acho que seu lado frágil e infantil o comovia –, eu o encorajei a visitá-la sozinho sempre que pudesse.

*Minha sogra nunca entendeu* como seu filho pôde escolher uma mulher como eu. Ela me achava "estranha". Não tínhamos grande coisa a nos dizer. Éramos dois opostos. Acho que seu filho escolheu deliberadamente uma companheira completamente diferente de sua mamãe. Ele se divertia com as nossas incompatibilidades. Nunca tivemos aquela intimidade comum entre as mulheres. No entanto ela foi uma boa avó para meus filhos.

*Minha sogra ficou feliz em recuperar sua liberdade* quando todos os seus filhos saíram de casa. Parece que ela sempre foi mais mulher do que mãe. Ela nos avisou com franqueza ao visitar seu primeiro neto: "Não contem comigo para brincar de vovó; a educação de meus próprios filhos me bastou. Não tenho a mínima intenção de lidar novamente com fraldas e mamadeiras. Quero viajar, fazer cursos de História da Arte, me oferecer como voluntária para visitar doentes nos hospitais, voltar a estudar inglês, cuidar da minha forma física etc.".

Essas mulheres refratárias ao papel de avó são mais numerosas do que se possa imaginar. Elas têm a vantagem de não incomodar ninguém, mas também o inconveniente de não "servir" para nada. Dou-lhes um conselho: cuidado com o dia em que não tiverem mais a força nem a vontade de levar uma vida do tipo "eu em primeiro lugar". Não poderão mais contar muito com seus filhos para preencher sua solidão. Eles somente terão o sentimento de dever para com vocês; isso se não tiverem herdado seu egocentrismo!

## Dois tipos clássicos de noras

Esse retrato de sogras "de meados do século passado" não é nada lisonjeiro, mas representa a imensa maioria dos depoimentos. Refletindo sobre as situações encontradas, vi aparecer uma linha nítida entre os tipos de sogras "à antiga", às quais correspondem, na escolha dos filhos, duas categorias de noras clássicas:

**O modelo "como mamãe, mas em versão melhorada"** com variantes físicas ou intelectuais. Os temperamentos e os valores são, no entanto, parecidos. Certos filhos, decididos a levar uma vida adulta não muito distante das normas de sua infância feliz, se apaixonam por mulheres que parecem com a imagem que têm de sua mãe. Em geral, os primeiros contatos nora/sogra não são dos melhores, os gênios muito parecidos se observam antes de se aceitarem. Depois se instala um *modus vivendi* entre duas pessoas com o mesmo estilo.

**O modelo "nunca igual à mamãe"**: Nora apagada *versus* sogra esfuziante, nora hippie *versus* sogra "certinha", nora intelectual *versus* sogra dona-de-casa, nora simples *versus* sogra esnobe etc. Essas alianças eram muito raras antigamente, na época em que um jovem se casava quase sempre com alguém da mesma localidade, do mesmo grupo de amigos, do mesmo meio, mas tornam-se cada vez mais freqüentes com a mistura dos povos, a mobilidade geográfica e a diversificação dos universos profissionais.

Ainda existem muitos modelos de sogras "à moda antiga" ou noras "clássicas". No entanto a grande transformação sociológica e cultural do século XX diversificou os protótipos. Ao mesmo tempo, os desentendimentos clássicos entre sogras e noras se diluíram no meio de uma minoria mais avançada. Para a imensa maioria, a sociedade atual, no fundo, não mudou muito...

III

# Outros tempos, outros costumes

Eis um caso muito divertido, contado por uma sogra muito respeitada, funcionária de alto nível:

*Fomos convidados, meu marido e eu, mais um casal de amigos e os pais de minha nora, para um almoço formal na casa de nosso filho. Fiquei um pouco apreensiva com essa refeição para oito pessoas, já que minha nora não tem uma concepção muito "clássica" de seu papel de dona-de-casa. O casal costuma viver numa incrível bagunça e parece não dar a mínima importância a isso.*
*Quando chegamos, fiquei surpreendida com o aspecto inusitado da sala. Tudo arrumado. A mesa bem-posta, com talheres e louças finas e uma toalha de verdade. Nenhum brinquedo pelo chão. Eles realmente "capricharam" para receber seus pais. Ponto para minha nora. Pediram que puséssemos nossos casacos no quarto, sobre a cama. Eu obedeci. Quando voltei ao salão, os jovens caíram na risada. Seguindo seu olhar, percebi que estava arrastando um sutiã enganchado no meu sapato. Na última hora, ao mudar de roupa, minha*

*nora enfiou tudo debaixo da cama, e o salto do meu sapato se prendeu a uma alça que estava de fora. Fiquei sem graça, mas ela ria às gargalhadas. Seus pais não sabiam que atitude tomar. Como sua filha estava achando graça, eles resolveram rir também. Talvez eu estivesse errada por ser tão formal. Como diz uma publicidade: "Nós, decididamente, não temos os mesmos valores!".*

Pensando bem, essa história do sutiã, objeto de constrangimento ou brincadeira, não é só um caso engraçado. Ela ilustra o processo de incompreensão que pode se instaurar entre pais e casais jovens.

## Diferentes modos de vida

Cada casal cria um estilo de vida que lhe é próprio, uma espécie de mistura da educação e do temperamento dos dois parceiros. Se esse modo de vida se afasta muito dos princípios, da cultura, da maneira de ser de seus ascendentes, um mal-estar logo se instala entre as duas gerações. Nada mais lógico, nesse caso, que pôr a culpa da dificuldade naquele que veio de fora: o genro ou a nora. Isso vale para as duas famílias. Entretanto, como a influência da mulher é preponderante na definição e na organização do cotidiano, as desavenças ocorrem com mais freqüência no lado da família dele do que na família dela. Muitas vezes a sogra tem a impressão de não entender nada das regras da casa de seu filho.

Martine tem um apartamento de mais ou menos 35 m² em uma estação de esqui. Quando ela está lá com seu marido, não pode, por falta de espaço, receber o jovem casal com seus dois filhos. Querendo ser simpática, ela divide, então, as férias de inverno: os pais vêm na primeira semana, os avós na seguinte.

Assim, as crianças aproveitam os quinze dias na neve. O único problema é o estado em que Martine encontra seu querido apartamento quando chega para ocupá-lo. Por mais que esteja preparada, por mais que tenha que admitir que, na montanha, os metros quadrados são insuficientes para guardar o material de esqui, por mais que jure não dizer nada para não estragar a alegria dessa tarde de domingo quando estão todos reunidos, não consegue: agüentou dois anos, agora perdeu a paciência. Não suporta a bagunça do filho, e principalmente a da nora! Eles deixam tudo de cabeça para baixo, não limpam nada, nem a louça eles lavam.

No terceiro inverno, para evitar ter um ataque, ela ligou de seu celular, uma boa hora antes de chegar, para que tivessem tempo de dar um jeito na casa. Foi inútil. O cenário lhe pareceu igual ao dos anos anteriores: roupa secando na varanda – o que o condomínio pede para evitar –, meias e sapatos de esqui que deveriam estar no hall de entrada, em cima da mesinha da sala, geladeira repleta de restos de comida sem proteção de filme plástico etc. A cara feliz dos netos e do filho impede que ela expresse sua raiva. "Não adianta avisar!", pensou ela. Depois de lhe dar um beijo, a nora lhe disse sorridente: *"Ainda bem que você telefonou, isso nos deu um tempinho para arrumar um pouco... Se tivesse visto o apartamento uma hora atrás!"*.

Isso significa que o que se considera, às vezes, como falta de respeito pode ser apenas o resultado de uma visão diferente de uma mesma realidade. A idéia de ordem e desordem não é a mesma para todos.

Mesmo que os filhos ainda pequenos nunca arrumassem nada, e adolescentes deixassem seu quarto um caos, as mães sempre têm a esperança de que, com o passar dos anos, as coisas vão melhorar. Elas imaginam que, uma vez adultos, terão vontade de reproduzir o modelo da casa dos pais. Senão, para que teriam tido tanto trabalho para lhes proporcionar um ambiente harmonioso na infância?

Para quê? Talvez para elas mesmas, para sua própria satisfação, para realizar seu ideal de casa? Nunca criança alguma pediu que arrumassem seu quarto. Ou ela pouco liga para a bagunça ou, então, se sente melhor assim do que em um ambiente "asséptico", ou ela mesma vai arrumar, se a confusão reinante no seu "território" passar a incomodar.

Para ser totalmente imparcial, devo reconhecer que os mais desorganizados não são sempre os mais jovens. Sabiam que também há homens e mulheres hiperorganizados, diria até maníacos, que deixam suas mães irritadas quando lhes dizem que nunca se encontra nada na casa dela (nem saca-rolha, nem álbum de foto, nem tesoura) por causa de sua mania de nunca colocar nada no seu devido lugar? Daí que eu compreendo bem a irritação que esse comportamento provoca...

## Visitando os Dogons

Pergunto à minha amiga Claude Halmos, psicanalista, sobre esse mal-estar que sentimos com tanta freqüência quando visitamos ou passamos férias na casa de um de nossos filhos. Uma sensação de não saber que atitude tomar. Devemos oferecer ajuda para nos sentirmos úteis, ou ficar quietas para não invadir o seu espaço? Qualquer iniciativa pode ser vista como uma intrusão em sua vida particular! Sua resposta é simples, clara e precisa:

*Em primeiro lugar, devemos admitir que existe um fosso entre as gerações. É uma coisa que custamos a aceitar quando mais velhos, sobretudo com essa moda de "eterna juventude". Por terem assisti-*

*do à revolução dos costumes em 1968, marcada por uma verdadeira ruptura com seus pais, os cinqüentões de hoje acreditam que transpuseram o fosso entre seus filhos e eles. Pois estão enganados. Por sua vez, os jovens adultos dos anos 2000 também acham que reinventaram modos de ser que rompem com os de sua infância. É assim que acontece.*
*Quando for visitar seus filhos, imagine que está aterrissando em outra civilização. Você está visitando os Dogons[1] ou os Bambaras[2]. Não lhe ocorreria ensinar a um Bambara morar em uma casa como a sua. Se ele a convidar para comer, não espere que lhe sirva o que está habituada a comer.*
*A ordem e a desordem são questões de território. Imagine que eu, sua amiga, chego em sua casa. Você põe a mesa e eu começo a mudar os pratos, os talheres e os copos de lugar, com o pretexto de que é assim que os colocamos lá em casa. Você vai pensar que fiquei louca. É a mesma coisa quando uma sogra desembarca na casa da nora. Ela deve se sentir em território estrangeiro e se comportar como se estivesse na casa de amigos, mas não tão íntimos assim.*

## A AFETIVIDADE EM PRIMEIRO LUGAR

Antigamente, no tempo em que os casamentos aconteciam entre pessoas do mesmo meio, os conflitos muitas vezes se referiam a pequenas divergências no ritual do dia-a-dia, ou a comportamentos que entravam em choque com a tradição e a moral reconhecidas por todos em uma mesma região ou mesmo meio social. Existiam códigos sociais transmitidos e, na maio-

---

1 Tribo africana. (N. T.)
2 Idem. (N.T.)

ria das vezes, respeitados de geração em geração: de um lado, "o que se podia fazer", e, do outro, "o que não se podia fazer".

As proibições diziam respeito, em primeiro lugar, a tudo o que se referia à sexualidade, sobretudo a das moças. Chegava-se virgem ao casamento, não se podia sair com um rapaz antes de estar "comprometida" ou "noiva", não se vivia junto antes do casamento, os filhos ilegais carregavam o peso de seu nascimento ilegítimo por toda a vida, qualquer deslize conjugal (da esposa) era imperdoável. Não se divorciava, mesmo infeliz, traída ou maltratada etc. Sem respeitar essas proibições, não havia salvação para a mulher! As sogras se instituíam as primeiras guardiãs da virtude da nora, a honra e a dignidade de seu filho dependiam disso. Seu amor-próprio materno e seu sentido de dever não suportavam a mínima infração ao código de boa conduta por parte da nora. Graças à revolução dos costumes, essas sogras já não existem mais; só em peças de teatro elas têm o direito de interferir na vida dos filhos.

Tomei a sexualidade como exemplo para mostrar a amplitude das mudanças ocorridas nos últimos trinta ou quarenta anos. O sistema anterior tinha uma vantagem: a grosso modo, uma mesma moral era partilhada e transmitida em todas as fases da vida. Aqueles que transgrediam as leis da tradição aceitavam a reprovação de seus familiares. Essa posição rebelde seria para provocar uma ruptura? Sentíamos pena dos pais desses transgressores e nunca nos viria à idéia responsabilizá-los pelos conflitos que daí resultavam. Eram vítimas, mas nunca culpados!

No fim do século XX, tudo o que se refere aos valores familiares mudou. Em todos os setores da vida privada, a afetividade suplantou as convenções. Em nome do amor, as novas gerações vão pouco a pouco abolindo, uma a uma, as travas da moral tradicional. Hoje em dia, uma grande maioria já admite que homens e mulheres possam:

– fazer amor sem um compromisso;
– morar juntos sem vínculos jurídicos;
– ter filhos sem se casar;
– pôr no mundo uma criança que viverá só com pai/mãe;[3]
– divorciar quando já não há mais entendimento.

O sociólogo François de Singly constatou o seguinte: *"Os critérios de gratuidade, de liberdade e a valorização da afetividade dominam a esfera da vida privada"*.[4]

## A Europa em plena mutação

Alguns números destacam o crescimento exponencial desses modos de vida nos diferentes países europeus.[5] Ao norte e ao sul, a mutação não seguiu no mesmo ritmo, e, após dez ou vinte anos, os comportamentos terminam por convergir e se encontrar.

• Na União Européia há no momento uma média anual de cinco casamentos para cada 1000 pessoas, contra quase oito em 1970.

• Quando se trata de viver juntos, sem serem casados, há uma grande diferença entre as gerações: somente 7% de todas as pessoas que vivem juntas não são casadas, mas 28% dos europeus de menos de trinta anos vivem juntos sem casar. Na Di-

---

3 Uma das últimas proibições na legislação européia diz respeito às adoções por casais de homossexuais. Os Estados Unidos já resolveram isso em vários estados.
4 *Sociologia da Família Contemporânea*, François de Singly, Nathan, 1993.
5 Números extraídos das estatísticas do site Eurostat, do Instituto de Estatística das Comunidades Européias, Luxemburgo.

namarca, 72% dos jovens com menos de trinta anos que moram juntos não são casados; na França, 50%; na Inglaterra, 37%; somente 8% na Espanha e 6% na Itália.

• Os nascimentos de filhos fora do casamento continuam a aumentar, refletindo a popularidade crescente da coabitação. Passamos de 6% em 1970, no conjunto da Comunidade Européia, a cerca de 24% nos dias de hoje. A Suécia lidera com 54%, seguida da Dinamarca: 46%. A França vem em terceiro lugar: 39% dos filhos são "naturais". Na Grécia somente 3%.

Feita a demonstração da amplitude das mudanças sociais, voltemos às nossas sogras. Elas são as vítimas obrigatórias dessa prioridade dada à afetividade. Antes se exigia que os cônjuges de nossos filhos respeitassem sua nova família, principalmente a sogra. Agora, pedimos que eles nos amem ou, ao menos, que nos dêem o devido valor. Que ambição fora de propósito! Por que nos achariam simpáticas a ponto de quererem ser nossos "amigos"? Só porque estão apaixonados por nossos filhos/as? Às vezes dá certo, questão de sorte. Às vezes os genes não combinam, e isso é muito normal: as novas condições de vida multiplicaram as oportunidades dos encontros.

Vários fatores intervêm para encorajar os casamentos mistos: a mobilidade das pessoas, a evolução dos valores e a multiplicidade das culturas no seio de uma mesma comunidade, a variedade de estilos de vida, de profissões, de hábitos alimentares, as formas de utilização do tempo, as diferentes idades, os lazeres e os projetos para o futuro.

## A mobilidade ganha terreno na Europa

A mobilidade, há muito tempo aceita pelos americanos em particular, e pelos ingleses em geral, está, pouco a pouco, ganhando terreno no Velho Continente. Para estudar, encontrar um emprego, mudar de ambiente, expandir os horizontes, as gerações atuais aceitam, cada vez mais de bom grado, mudar de região ou até de país. Fiquei surpresa, durante minha pesquisa fora de Paris, com o número de mães que se referiam a um de seus filhos como "expatriado". Sede de conhecimento ou encontros nos quatro cantos do planeta, expansão econômica em todos os continentes, internacionalização dos cérebros, aventuras profissionais ou pessoais suscitam cada vez mais uma partida para local distante.

O exemplo das profissões vinculadas à alimentação ilustra essa mobilidade. A maioria dos empresários franceses do ramo, ou chefs consagrados, nem sequer pensavam, há trinta ou quarenta anos, em exercer ou fazer reconhecer seus talentos fora do país. E eles propunham aos empregados trabalharem em suas sucursais em outras regiões ou nas imediações. Agora, com a intensificação do turismo, com o aumento do serviço de transportes a baixo custo, com a internacionalização dos paladares e sabores, raros são os grandes chefs que só trabalham em solo francês ou as especialidades gastronômicas que não buscam um mercado para a exportação. Nas regiões como o leste ou o sudoeste quase todos os alunos das escolas de hotelaria acabam partindo, por alguns meses ou anos, "para o estrangeiro".

Isso é uma noção relativa: para uma agricultora da Bretanha, cujo filho tinha deixado o "país" para encontrar um trabalho mais especializado e mais bem remunerado na capital, essa noção de estrangeiro englobava até Paris e seus arredores...

## Não é fácil respeitar a liberdade de todos

A diversidade de culturas e de valores exige esforços cada vez maiores para respeitar, dentro da família, a liberdade de todos. Quando cada um constrói sua moral e define o campo de suas próprias crenças, é impensável impor suas próprias idéias, e retrógrado recusar as dos outros.

Em um país como a França, por exemplo, a perda da influência da religião católica leva a uma proliferação de atitudes e julgamentos desiguais. Como explicar à filha de um professor de Marseille, de educação laica, passando o feriado de Natal na casa dos pais de seu companheiro, em outra região, que não é possível faltar à Missa do Galo? Caso ela participe, podemos dizer que se trata de uma concessão simpática ou de um lastimável compromisso? Por incrível que pareça, seus pais aceitaram que os dois pombinhos dormissem no mesmo quarto, prova, para católicos praticantes, de abertura de espírito, mas não participar da tradicional cerimônia religiosa seria considerado como uma ofensa.

Ao contrário do que se pensa, os fiéis e adeptos das regras rígidas não são sempre os mais velhos. Quem se deixa tentar pela filosofia budista? As novas gerações. Quem segue regimes vegetarianos ou macrobióticos? Novamente os jovens. Quem milita em seitas, cada vez mais numerosas e cheias de proselitismo? Sempre os jovens.

Colette, viúva, que mora na região parisiense, não consegue se acostumar com o fato de que seu filho mais velho viva em Bordeaux com uma mulher testemunha-de-jeová:

*Ela o enrolou. Eles passam os fins de semana indo de casa em casa levando a palavra da Bíblia, que constitui, agora, sua "seita". Eles são boa gente, ótimos pais, não fariam mal a uma mosca. Mas fico preocupada, pois recusam transfusões de sangue. Se algum dia um*

*de seus filhos sofrer um acidente, o que vai acontecer?*
*Não digo nada, pois, se disser, corro o risco de nunca mais vê-los. Não conseguimos mais falar sobre essas convicções, eles não aceitam a mínima observação... Quando meu filho estava na faculdade, era um rapaz muito alegre; agora parece obcecado por essa história de Julgamento Final! Não reconheço mais meu garoto.*

Confesso a vocês que fiquei confusa para interpretar essa história de transfusão. Quem está com a razão nessas circunstâncias extremas? Como eu teria reagido se tal situação se apresentasse no seio da minha família? Não somos obrigadas a aceitar tudo em nome da "diferença" e por medo de sermos postas em quarentena!
Outro exemplo dessas intransigências impostas pelos filhos e que os pais têm tanta dificuldade de digerir: natural da Normandie, Martine, mulher generosa, se irrita com a filosofia meio zen, meio vegetariana de sua filha e seu genro:

*Se tenho a infeliz idéia de colocar um minúsculo cubo de caldo de galinha para dar um pouco de gosto nos legumes, eles se recusam a comer. Como se eles fossem morrer se engolissem um só grama de carne...! Posso até aceitar suas convicções, mas me preocupo com as crianças. Elas também são alimentadas com soja em todas as suas formas, cereais e legumes orgânicos! Isso não é suficiente para seu desenvolvimento.*

Como já puderam observar, o argumento dessas mães ou sogras é sempre o mesmo: são obrigadas a aceitar as "fantasias" de seus filhos, para não correrem o risco de nunca mais vê-los...", "fico preocupada pelos meus netos". Um casal de filhos, assim um tanto excêntrico, as deixa desarmadas, mas o que elas não podem mesmo suportar é a idéia de que seus netos possam sofrer, fisicamente, por causa disso. Seu instinto de provedoras e seu orgulho de construtoras de uma família saudável não suportam que crenças, absurdas a seus olhos, possam comprometer a criação de seus descendentes.

É difícil encontrar, como antigamente, na família das noras/genros pessoas que compartilhem conosco os mesmos gostos e o mesmo referencial. Esses choques culturais exigem de nós muita flexibilidade para aparar as arestas.

## Cada um com seu ritmo biológico

Um último item nas mutações ligadas à desordem contemporânea: as relações de cada um com o tempo. O respeito ao ritmo biológico de cada um é uma idéia totalmente nova no mundo ocidental. Até as últimas décadas, a própria base da educação consistia em ensinar aos jovens a se submeter aos horários dos mais velhos e às exigências da vida na comunidade.

Lembremo-nos de nossos pais: eles nos acordavam, sem piedade, até nas férias, em nome de uma disciplina quase militar: *"Hora é hora. Antes da hora não é hora. Depois da hora, já não é mais hora"*. Método simples e eficaz de organizar nossos dias. Sentávamos à mesa ao mesmo tempo, quem chegasse tarde não encontrava mais a mesa posta e ainda ouvia um sermão. Quando os bons hábitos criavam raízes, nós os repetíamos durante toda a vida e os transmitíamos com rigor a nossos próprios filhos.

Imaginem se agíssemos com a mesma rigidez hoje em dia. Passaríamos a maioria das refeições diante de caras feias ou de lugares vazios. Nem nos ocorreria a idéia de acordar nossos filhos e netos, numa bela manhã de verão, para tomarmos juntos o café-da-manhã. Um telefonema antes do meio-dia no domingo, quando já estamos preparando o almoço, poderia acordar essa turma que quase sempre dorme tarde, ao passo que nós gostamos de ir para a cama antes das onze horas. Fica muito difícil para esses casais, em que ambos trabalham, jantar antes das nove da noite. Assim, nunca sabemos a que horas chegar ao sermos convidadas, nem quando eles vão aparecer ao virem comer em nossa casa.

Sem dúvida o mais irritante nesses conflitos de horários, na nova geração, é a displicência com a qual os jovens os encaram. Não suportam o mínimo compromisso, qualquer obrigação restringe seus momentos de lazer ou sua tão preciosa liberdade. Se vocês pertencem à raça das sogras acolhedoras, naturalmente já observaram que é totalmente impossível marcar dia ou hora para um encontro. Mas uma coisa é certa: chegarão quase sempre depois da hora, raramente no horário, jamais antes da hora prevista. A partir desses dados é só se organizar!

A organização de uma agenda para alugar uma casa para passar as férias ou a data para ocupá-la, se quisermos agradar a todos, requer ainda mais diplomacia. Acontece às vezes que os mais velhos, proprietários da casa, ficam abandonados em uma casa completamente vazia, devido a desistências de última hora. O inverso também ocorre: um "overbooking" inesperado quando o tempo bonito motiva todos, ao mesmo tempo, a fugir da poluição da cidade grande.

## Diferença de idades = variedades de casais

Enfim, a diferença de idade e de modelos de casais conduz a uma variedade infinita de situações delicadas. Encontrei várias sogras um tanto constrangidas por terem um genro praticamente da mesma idade que elas, ou noras vinte ou trinta anos mais jovens que seus filhos.

Começa a aparecer uma tendência ainda pouco expressiva: o homem que vive com uma companheira bem mais velha que ele.[6] Quando a mãe teve o filho ainda jovem, sogras e noras podem ter apenas uns dez anos de diferença. Observei vários casos dessas misturas desconfortáveis. Exemplo:

Nicole teve seu filho com 18 anos, e este, aos 25 anos, vai viver com uma colega de trabalho que tem 35. Nora e sogra só têm oito anos de diferença. Fica difícil encontrar uma boa forma de relacionamento. A explicação clássica da psicanálise para esse caso de mal-estar sogra/nora: "Duas fêmeas disputam o mesmo macho" aparece como uma evidência.

Na realidade, eram as mulheres mais jovens que resistiam à idéia de tomar conta da velha mãe de seu marido. Em geral, tratava-se de segundas esposas. Falaremos mais sobre isso no capítulo sobre as famílias recompostas. As rupturas, os divórcios e os novos casamentos criam um emaranhado de parentes e gerações...

## UMA INCÓGNITA: A FAMÍLIA DA NORA/GENRO

Como resultado desse crescente número de casamentos mistos, as relações entre as duas famílias são cada vez mais raras e distantes. Por essa razão, as sogras não têm parâmetros para entender o caráter e o comportamento de suas noras. No

---

[6] Principalmente entre as mulheres que fizeram longos estudos, e em seguida se dedicaram muitos anos a construir seu sucesso profissional e que se encontram por volta de 35 anos, ainda solteiras. Como a maioria dos homens da mesma idade já estão casados, ou vivendo com alguém, elas procuram um companheiro entre os mais jovens... e o encontram cada vez mais no ambiente de trabalho, onde dispõem de certo poder e de um bom salário.

entanto, uma observação atenta do meio familiar da "recém-chegada" ajuda a esclarecer atitudes ou intervenções muitas vezes incompreensíveis à primeira vista. A maioria das sogras da minha pesquisa lamenta não ter relações ou ter apenas contatos esporádicos com a outra família:[7]

> *Os outros sogros? Mal os conheço, constata Marie-Madeleine, uma simpática comerciante. Como nossos filhos não se casaram, nem tivemos a oportunidade de preparar ou assistir juntos à cerimônia. Um dia, achei que essa situação era absurda: no fim das contas éramos avós de um mesmo pimpolho. Apesar de viverem perto de Paris e nós, perto de Dijon, eu os convidei a vir a nossa casa com o jovem casal. Vieram de trem e meu marido foi buscá-los na estação. No fim deu tudo errado. O pai, um professor, quase não abriu a boca: tipo do autista rabugento. Talvez ele não apreciasse nossa jovialidade, coisa indispensável no nosso comércio, um açougue. A mãe, provavelmente constrangida pelo comportamento do marido, falou sem parar, alardeando as grandes qualidades da filha. Parece que queria nos convencer de que nosso filho teve muita sorte em ter encontrado uma pérola tão rara. Tive que me segurar para não lhe dizer que, apesar de sermos simples comerciantes, nosso filho era advogado e tinha uma bela situação que permitia à filha deles trabalhar somente meio expediente.*

Podemos imaginar os diálogos desses três casais depois de tal encontro. Todos devem ter achado que seria melhor não repetir muitas vezes essa experiência.

---

[7] Como chamar os pais do companheiro ou companheira de um dos filhos? Não sei. E vocês, sabem? Depois que nasce uma criança se tornam automaticamente os "outros avós". Mas e antes?

## Nada melhora com o tempo

É pouco provável que as coisas melhorem com o tempo. Ao contrário, quanto mais ele passa, mais as divergências se acentuam. Ao envelhecer,[8] as sogras tendem a se tornar mais rígidas, em vez de mais flexíveis. Quando adquirem mais experiência, as noras se tornam mais seguras e toleram cada vez menos as interferências na "sua" família. Os casos de afastamento progressivo são numerosos em minha pesquisa.

Lucette mora numa região em que muitos rapazes escolhem fazer carreira no exército:

*Marc foi morar com Stéphanie quando estava servindo numa cidade do sul. Dali foi mandado para Metz, não muito longe da nossa casa (uma boa hora de carro). Conheci sua "noiva" naquela ocasião; eles vinham nos ver quase todos os domingos. Achei a moça simpática e alegre e até tive a impressão de que ela se sentia bem em nossa casa. Um ano mais tarde, Marc nos informou que tinha pedido uma transferência para o sul, mais perto dos pais de Stéphanie. Ela sentia falta da família e não se adaptava a Lorena e a seu clima frio. Ela não tinha me dito nada. Eu a imaginava feliz, integrada em nossa família, uma "amigona" para mim e suas cunhadas. Foi um verdadeiro choque; de repente me senti colocada no meu devido lugar de sogra. Senti que ia perder meu filho de vez. Agora só os vemos uma ou duas vezes ao ano. A viagem é cara para eles. Por ser pequena demais, não podemos ficar em sua casa. Ah, se ele ao menos tivesse casado com uma moça da redondeza!*

---

8 Sei que não deveríamos "envelhecer". Com tudo isso as mentes, assim como os joelhos, já não são mais tão flexíveis aos oitenta quanto aos cinqüenta. Salvo alguns casos excepcionais de capacidade de adaptação à época em que vivemos. Como por exemplo é seu caso e o meu!

É verdade, minha pobre Lucette, sogros não são parentes. Stéphanie talvez não estivesse totalmente errada por não se sentir sua filha... já que, ao ouvir sua história, observei que você lamenta mais a partida do seu filho querido do que a de sua nora...

Essa mobilidade profissional, geográfica e social das novas gerações certamente afrouxa os laços familiares. Os mais velhos, coitados, perdem o fôlego tentando segui-las em suas contínuas mudanças. Os homens das gerações anteriores procuravam estabilizar sua vida, passando, na medida do possível, a maior parte de sua atividade profissional em uma mesma empresa ou firma. Os filhos, ao contrário, parecem decididos a tomar outro rumo em função de seus desejos de mudar de atividade ou de oportunidades do mercado de trabalho.

## SAUDADES DAS BOAS MANEIRAS

Outra característica da sociedade moderna: a aceleração das mudanças, que os jovens assimilam muito melhor do que nós. Os estilos de vida saem de moda cada vez mais rapidamente. Nós, as avós, nos voltamos naturalmente e com um apego um tanto mais nostálgico a certos preceitos herdados de nossos pais e avós.

Continuamos a respeitar as regras de boas maneiras que nos foram inculcadas. Os famosos *bom-dia, boa-noite, por favor, obrigado...* exigidos com rigor na época em que não se colocavam os cotovelos na mesa, em que se comia de tudo e em que se escovavam os dentes todos os dias (e até duas vezes ao dia), em que não se dizia "merda" diante dos pais – nem diante dos filhos, o que nós fazemos todos e todas cada vez mais! –, todos esses preceitos elementares não parecem mais rigorosamente obrigatórios na educação atual.

Algumas de minhas netas simplesmente as ignoram. Quando entram num lugar onde estou sentada (ou em pé), nem lhes ocorre que se diz "bom-dia, vovó". Quando eram pequenas, batalhei muito para obter esse mínimo de "cortesia". Usei todos os métodos:

• **A persuasão**: *"Vem me dar bom-dia, querida. É falta de educação chegar num lugar e não cumprimentar todo mundo"*. Sem resultados: um "b'dia" distraído da garota, olhares irritados da sua mãe. Fico imaginando seu comentário quando vai embora: *"Como quer que as meninas tenham vontade de beijar sua mãe? Ela vive chamando a atenção delas cada vez que se encontram!"*.

• **A chantagem**: *"Se você não me der um beijinho, e não vier me dar um bom-dia, nada de presentinhos quando formos fazer compras!"*. Muito eficiente, mas sem efeito a longo prazo. Teria que dar um pirulito ou um brinquedinho para cada bom-dia. Desisti logo, já que boas maneiras não deveriam ser um caso de toma-lá-dá-cá, mas sim um reflexo condicionado.

• **A explicação**: *"Você entende, queridinha, eu não fico insistindo para você me dizer bom-dia só para que nosso relacionamento seja mais agradável. Mais tarde, quando você for trabalhar em um escritório ou em outro lugar, não vai mais poder chegar sem cumprimentar as pessoas. Senão vão achar você esnobe e não vão ser nada amáveis. E você vai ser a primeira a sofrer as conseqüências"*. Tentei até transmitir a mensagem ao pai delas para que compreendesse que não estava "perseguindo" suas filhas, mas sim tentando ajudá-las. Os resultados foram desanimadores. As meninas agora me consideram uma "criadora de casos", com quem é impossível dialogar, já que só dou importância a convenções ultrapassadas.

O *"oi"* entra pouco a pouco em seus costumes. Como o *"hi"* americano, ele dispensa qualquer amabilidade suplementar. Muitos adolescentes ainda acompanham seu "oi" com uma vaga ondulação da mão e não fazem um esforço para se levantar, quando estão esparramados em um sofá, nem para vir dar-lhe um beijinho, se você não for até eles.

Esse episódio, aparentemente pessoal, mostra uma triste realidade: as divergências cada vez maiores entre as gerações sobre a educação a ser dada aos filhos. Nesse domínio, o fosso está cada vez mais profundo. Resta saber se assistiremos nesse século XXI a uma reviravolta espetacular. Os jovens pais de nossos dias estão se voltando para certos princípios básicos de educação e muitos deles criticam os próprios pais por não terem sido bastante firmes para com eles.

Sobre esse ponto ao menos o bom Freud parece ter tido razão quando disse aos pais: *"Não importa o que fizerem, estarão sempre errados!"*.

Acontece a mesma coisa com todas as crianças? É mais fácil com as meninas do que com os meninos? Ou o inverso?

Fiquem tranqüilas: não vou entrar na polêmica sobre as falhas ou fracassos da educação, incansavelmente esmiuçados pelos meios de comunicação. Quero somente tentar observar suas conseqüências na idade adulta, nas relações para conosco, suas mães, quando resolvem viver com alguém, pois parece que moças e rapazes não reagem da mesma forma. Genros e noras também não.

# IV

## As peripécias dos irmãos

Com o passar do tempo, quando nossos filhos e filhas saem de casa e criam por sua vez uma família, uma diferença salta aos olhos: enquanto os homens que pomos no mundo se tornam cada vez mais fechados à confidência e ao diálogo conosco, as mulheres que saíram de nossos ventres manifestam uma tendência a querer discutir sobre tudo: as razões de nossa harmonia, assim como as raízes de sua agressividade para conosco, os acontecimentos de sua vida amorosa ou conjugal, as peripécias de sua aventura como mãe. Os rapazes se calam porque a maioria conseguiu afrouxar ou cortar o cordão umbilical, enquanto isso as moças falam porque a prestação de contas com a poderosa figura da mãe nunca termina.

Conclusão: nós, as mães, somos confrontadas com o silêncio de uns e com a prolixidade das outras. Seja lá o que for que eles escondam, ou o que elas expressem, nunca deixamos de nos sentir responsáveis... e culpadas!

A base da psicologia primária, que os meios de comunicação adoram divulgar, consiste em tornar os pais, mais especialmente as mães, responsáveis por quase todas as dificuldades existenciais de sua descendência. Entretanto poderíamos acrescentar, assim de passagem, que somos nós também que lhe fornecemos as armas para a luta nas circunstâncias difíceis e a aptidão para aproveitar ao máximo os instantes de felicidade ou prazer que a vida lhe propõe.

## Os "psis" contra as mamães

Essa responsabilidade diante do futuro de nossa prole já é bastante pesada para que a intervenção de um "psi", no círculo mais íntimo da família, venha a torná-la ainda mais sufocante. Minhas entrevistadas muitas vezes assinalaram que o fato de um filho ou de um cônjuge recorrer a um especialista criava uma fonte de dificuldades suplementar. Filhas e noras,[1] insatisfeitas, procuram logo a ajuda de um terapeuta para se sentirem melhor. Infelizmente, se o profissional não for competente, ou se elas não compreenderem bem o que lhes for dito, correm o risco de sair com uma explicação para seu mal-estar que não ajuda em nada nos contatos com a mamãe e a sogra. Embora as relações mães/filhas sejam infinitamente mais pró-

---

1 Os filhos e genros se sentem menos tentados a recorrer aos psicólogos e psicanalistas. Seu amor-próprio masculino faz com que eles considerem essa necessidade de expor seus problemas não digna do sexo forte. Atualmente a presença de psicólogos nos colégios junto aos alunos e a vulgarização dos conceitos da psicanálise e da psiquiatria deveriam contribuir para que os homens recorressem com mais freqüência aos "médicos da alma".

ximas e resistam muitas vezes melhor ao passar do tempo que as de mães/filhos, quando vão mal, costumam provocar terríveis confrontos. A fim de permitir a uma mulher afirmar sua personalidade e forjar sua liberdade interna, os "psis" lhe sugerem modificar seu comportamento, em primeiro lugar, em relação à sua mãe, mas também perante a sogra, de cujo domínio feminino a nora deveria se libertar. Segundo o que dizem, toda fêmea dominadora em seu círculo imediato pode lhe fazer sombra e impedir sua total realização.

O doutor Aldo Naouri[2] chega ao ponto de explicar o sexo dos filhos como resultado da atitude de uma mãe em relação à sua própria mãe. Uma filha primogênita seria a prova de uma submissão a uma mãe poderosa. Ao contrário, um filho primogênito indicaria uma verdadeira revolta contra esse domínio materno. E os espermatozóides? Eles se curvariam ao... inconsciente do óvulo? Alguns vão realmente um pouco longe ao proclamar os poderes absolutos do psiquismo. Esquecem o papel do acaso e da genética em nossos destinos.

Vejamos o que diz Naouri para termos a medida exata de um certo assunto devastador a respeito das relações mãe/filha:

*Ainda tenho presente os discursos cheios de despeito, de revolta, de amargura ou de ódio que muitas filhas com os dentes serrados e o olhar fulminante me fizeram a respeito de suas mães. É claro que não se trata dessas garotinhas ou dessas adolescentes que eu trato, mas das mães delas na condição de filhas de suas respectivas mães, que ousam, às vezes, se abrir, falar de seus conflitos, procurar sua origem, entender seu significado para conseguir finalmente ter coragem de externar uma violência surda que sempre sentiram e que*

---

2 *Les Filles et Leurs Mères*, editora Odile Jacob, 1998.

*nunca conseguiram expressar e da qual nunca conseguiram se libertar. E ainda assim elas só se sentem autorizadas a proceder desse modo quando chegam a esgotar, nas prerrogativas de sua função materna, a energia que utilizam para escapar a uma inevitável transmissão de um papel ao qual elas foram convidadas a se submeter desde sempre...*
*Mas quantas seguem esse caminho em relação àquelas que, cheias de remorsos e com um enorme sentimento de culpa, continuam a obedecer cegamente aos ditames destrutivos aos quais se deixaram definitivamente aprisionar? Aquelas cuja vida gira em torno dessa relação (com a mãe) e somente com ela...*

Como esperar que uma paciente com problemas não encontre nesse diagnóstico uma ocasião maravilhosa para cortar brutalmente esse famoso cordão umbilical mãe/filha que lhes dizem ser a causa de todos os seus males! Já que é bom cortá-lo, por que não fazê-lo da melhor forma possível em vez de achar que todas as palavras da mãe são "ditames destrutivos"?

O que me preocupa no caso de Naouri é que seu livro teve um grande sucesso e, por essa razão, suas idéias se propagaram...

## As lágrimas de Helena

Helena, avó dedicada de um menino com uma leve deficiência, sofreu muito com a interferência de uma terapeuta na vida de sua filha:

*Quando Jérémie nasceu, meu genro reagiu muito mal. A idéia de que seu filho não seria tão brilhante quanto ele lhe parecia intolerável. Tive medo que esse nascimento colocasse em risco o casamento de minha filha. Entendi que ela precisava de nossa ajuda.*

*Durante anos cuidei do meu neto quase em tempo integral. Ele é muito afetuoso, precisa de muito carinho e atenção. Meu marido e eu estamos aposentados e nossa filha mora perto. Dedicamos quase toda a nossa vida a Jérémie, uma vez que temos mais tempo que meu genro e minha filha, que exercem profissões que os absorvem muito. Tínhamos a impressão de que ele progredia e estávamos muito contentes.*
*Eu sentia que essa situação deixava minha filha com sentimento de culpa, pouco à vontade diante de seu filho e de nós. Ela se abriu com uma psicóloga, recomendada por uma de suas amigas, que a convenceu a assumir seu papel de mãe, a obrigar seu marido a se "posicionar" como pai e a se "libertar" das amarras dos pais...*
*Tudo isso é muito bonito na teoria! Na minha opinião, o resultado imediato foi uma catástrofe. Eles passaram a tomar conta de Jérémie, para nossa grande tristeza. Ele começou a comer na cantina escolar, coisa que ele não suporta, e a ficar à noite com uma babá, boa pessoa, mas severa demais com ele. Ela vai buscá-lo no colégio e fica com ele até a volta dos pais. O menino pergunta por nós todos os dias. Minha filha e meu genro vivem brigando por causa dele, tanto que a diretora do colégio até sugeriu que voltassem ao sistema anterior. Estamos nisso...*

Coitada da Helena! Ficava com os olhos cheios de lágrimas ao contar sua história. Na época em que a família era o único recurso contra as dificuldades da vida, ela teria sem dúvida criado o menino até a maioridade. Ela e ele teriam sido mais felizes assim? Nada prova que, após vinte anos, o resultado final dessa dedicação dos avós teria sido pior do que as controvérsias causadas pela responsabilidade tardia dos pais. Nada prova também que teria sido melhor. Talvez a mamãe de Jérémie corresse o risco de ter uma depressão ou uma neurose grave, que ela possivelmente superaria ao tomar as rédeas da situação. Mesmo que ela decida confiar de novo Jérémie à sua mãe, dessa vez será por decisão própria e, provavelmente, em comum acordo com seu marido.

Outro exemplo de briga causada por um "psi". Madalena observa, referindo-se à sua nora:

> *Nós realmente não vivíamos na mesma sintonia, entretanto eu achava que ela se dava ainda pior com a própria mãe. E tudo piorou mais quando um "psi" se intrometeu. Ela ficou quase um ano sem nos ver, nem à mãe nem a mim. Até entendo que o "psi" diga que o casal deve estar em primeiro lugar, mas não vamos exagerar... Ultimamente as coisas melhoraram um pouco; às vezes eles vêm almoçar ou jantar em nossa casa, mas não passam mais férias, nem fins de semanas conosco.*

Não vou mais insistir sobre a má reputação que nós, as mães, carregamos por conta de todos os "psis" do mundo. Quero simplesmente apresentar os testemunhos que recolhi sobre as expectativas e decepções que marcam a segunda metade de nossa profissão de mães, no momento em que nossos filhos e filhas se tornam adultos e formam uma nova família.

## O PERCURSO INVERSO DA INTIMIDADE

Uma coisa ficou clara para mim, no decorrer de minha pesquisa, quando entrevistei mães de filhos e filhas: o percurso inverso da intimidade com um e outro sexo. Na infância, predominam os laços preferenciais mães/filhos e pais/filhas. Com o passar do tempo, quando filhos e pais vão ficando mais velhos, a tendência no que diz respeito às mães se inverte pouco a pouco. Os filhos se afastam quando acham um equilíbrio satisfatório junto a uma mulher, enquanto as filhas se aproximam quando, por sua vez, se tornam mães.

O pai, diretamente menos envolvido na "criação" dos filhos pequenos, estabelece geralmente um relacionamento bastante equilibrado com todos os filhos, qualquer que seja o sexo. Fora, claro, o famoso xodó pela filha: ela joga muito mais charme que seu irmão! Muitos homens continuam apegados à sua filha adulta, mas têm uma cumplicidade de homem para homem com o filho adulto que jamais poderiam ter nem com sua mulher nem com sua filha.

Quando chega o neto, a diferença de intimidade entre as famílias maternas e paternas fica bem patente. Vantagem indiscutível para a mãe da mãe, salvo em casos de distância geográfica, de conflitos incontornáveis ou de briga e ciúmes com os irmãos e irmãs da família da mãe.

Há, certamente, muitas exceções a essas regras. Elas não permitem estabelecer nenhuma lei, podendo as equações familiares se diversificar ao infinito segundo os caracteres e as circunstâncias da vida de cada um dos atores. Entretanto, se levarmos em conta as histórias de uns e de outros, chegamos a algumas tendências das quais falaremos no próximo capítulo.

## Velhice: filhas indispensáveis

Então chega a velhice dos pais. Nesse momento, no fim da vida, as filhas marcam todos os pontos. Elas cuidam não somente de seus próprios pais – mais freqüentemente das mães, já que os homens têm o mau hábito de sair primeiro de cena –, mas também de seus sogros. Os maridos se esquivam dessa obrigação com o pretexto de que *"você faz isso tão melhor do que eu..."*. A verdadeira razão é outra. Por pudor ou por orgulho, as mamães com muita idade não querem mostrar seus corpos decrépitos a seus filhos. Caso tenham recursos, preferem sempre contratar o serviço de uma pessoa estranha. Quando não podem pagar por esses cuidados, a nora pode ajudar, mas nenhuma das duas fica muito feliz com isso.

Na minha faixa etária, é natural pensar na velhice. Mesmo os otimistas crônicos, como eu, devem admitir que, durante nossos últimos anos de vida, corremos o risco de perder o essencial de nossa autonomia – sem poder dirigir, com a memória fraca, com uma sensação de insegurança, com dificuldade para andar e até para fazer os gestos indispensáveis do dia-a-dia. Cada vez que minha imaginação me leva para esse extremo fim de caminho, me lembro de minha mãe com mais de 85 anos. Ela achava natural que uma de suas filhas a acompanhasse ao médico ou a ajudasse a tomar banho. Mas nunca admitiria que um de seus filhos fizesse a mesma coisa. Com minha tribo de filhos homens, nem imagino quem, dentro de vinte anos, poderá me acompanhar a uma consulta médica. Meus filhos? Não posso nem me imaginar tirando a roupa diante de um deles, ou, ainda pior, pedindo sua ajuda. Enquanto puder, evitarei lhes impor minha decrepitude. Não é essa a imagem que queria que eles guardassem de mim após minha morte.

Quanto às minhas noras, eu sei, por ter tido uma sogra muito idosa, que essa intimidade física corre o risco de ser muito desagradável.[3] Espero lhes poupar todas as ocasiões de queixas ou de conflitos que minha presença – bem "longa" a seus olhos, já que tenho a firme intenção de chegar aos cem anos – poderia provocar nas suas relações conjugais. Uma acompanhante que se encarregasse de todos os serviços em troca de um bom salá-

---

3 Digo desagradável por respeito à linguagem escrita. Oralmente eu teria utilizado um termo mais expressivo e menos educado.

rio: um sonho! Se for muito caro, uma boa casa de repouso com enfermeiras competentes e um telefone celular para não cortar completamente os laços seriam o bastante!

Na verdade fiquei encantada com minha coleção de meninos quando eram pequenos; agora, começo a pensar quanto a minha filha, aquela que eu não tive, me faria companhia nos meus dias de velhice... Mas com uma condição: que ela tomasse conta de mim como uma mãe, de bom grado, por prazer e não por obrigação!

Maryse, de 72 anos, não consegue se refazer da morte de sua filha mais velha. Entre os cinco filhos, ela ocupava um lugar especial. Um câncer levou-a em alguns meses, aos 45 anos.

*Vejam bem, não fiquei apenas transtornada com a perda de um filho. Todas as mulheres que passam por essa provação ficam inconsoláveis. Não, ela era mais do que isso: uma espécie de catalisador da família. Dando-se bem com todos os irmãos e irmãs, pouco a pouco ela se tornou a líder, fazia as pazes de uns com os outros, nos recebia a todos em sua casa, agora que moro em local muito pequeno para receber todo mundo. Ela telefonava todos os dias e contava com bom humor os mexericos de uns e de outros, suas irmãs e cunhadas. Mas nunca falava mal de ninguém.*

Uma filha de boa índole e generosa que ajudava a manter a família unida, em vez de deixar que alguns membros se afastassem, uma filha que estimulava a mãe a continuar sendo o esteio de sua família: uma pérola rara!

No decorrer de minha viagem ao país das sogras, contabilizei mais famílias desajustadas, corações partidos pela ausência de um filho brigado, mais mesquinharias entre irmãos e irmãs, mais picuinhas insufladas pelos cônjuges do que famílias felizes.

## Dinheiro: motivo de ciúme

A origem de quase todos os conflitos: as diferenças de nível de vida, o dinheiro dos pais, as doações desiguais – reais ou imaginárias – a irmãos e irmãs ou aos netos. Acredito que o ciúme é o sentimento mais difundido em nossa sociedade ocidental, em que o dinheiro e o consumismo reinam de forma absoluta. Esses pensamentos de inveja começam na infância, se desenvolvem na adolescência e explodem quando os cônjuges justificam e encorajam as rivalidades.

Genros e noras não têm as mesmas razões para manter a harmonia no seio da família dos cônjuges. Eles têm prazer em insuflar a discórdia por questões financeiras, mesmo que seja em detrimento do que consideram, certos ou errados, ser o que é justo. Às vezes isso ocorre porque são interesseiros – *"minha nora tem um cifrão no lugar do coração", "meu genro pertence à raça dos castores, não daqueles que constroem, mas sim dos que ajudam a conservar"* –, outras vezes, por tomarem sistematicamente o partido das caras-metades, satisfeitas de se sentirem apoiadas, por amor, no seu combate contra a "injustiça" dos pais.

Antigamente essas disputas fratricidas surgiam no momento da partilha, ou seja, depois da nossa morte. Tínhamos a sorte de não assistir ao triste espetáculo dessas sórdidas batalhas por problemas de dinheiro ou por colherzinhas de prata. Como passamos a viver mais, vemos não só nossos filhos crescerem, mas também envelhecerem. A maioria das mulheres que completaram sessenta anos em 2000 viverá até noventa ou 95 anos; como, em média, elas tiveram seu primeiro filho por volta dos 25/26 anos, a maioria dos seus "meninos" terá entre 65 e 75 anos quando se tornarem órfãos. Daí ser mais lógico ajudar os jovens quando eles necessitarem do que lhes legar nossos bens quando forem, por sua vez, já velhos. A lei encoraja os pais a se mostrarem generosos por antecipação, diminuindo os impostos de transmissão entre seres vivos.

É nesse exato momento que surgem os conflitos. A lógica afetiva dos pais os incita muitas vezes a compensar as desigualdades da vida em vez de tratar com igualdade rigorosa irmãos e irmãs. A sede de justiça que caracteriza as relações infantis[4] quer, ao contrário, que as partes do bolo sejam estritamente iguais. Irmãos e irmãs ficam irritados diante dessa propensão dos pais de favorecer o mais necessitado – muitas vezes o mais fraco, o menos trabalhador, o mais pródigo, o mais boêmio ou simplesmente o mais jovem!

As mães justificam facilmente essas "injustiças" intencionais:

*Minha filha menor mora sozinha com três filhos. Seu marido a deixou depois de oito anos de casados, tendo exigido que ela parasse de trabalhar para tomar conta das crianças, quando nasceu seu segundo filho. Ela vive com a ajuda de um programa do governo e uma pensão irrisória que ele deposita, quando se lembra. Como quer que ela viva com tão pouco? Enquanto ela não volta a trabalhar, nós completamos seus parcos recursos com uma pequena quantia. Sua irmã, com uma situação financeira bem mais folgada, ficou zangada. Acho sua atitude mesquinha.*

Outro meio social, outra região, a mesma inveja:

*Meu segundo filho fez estudos brilhantes em odontologia. Ele herdará o consultório do pai quando nos aposentarmos. O mais velho queria ser agricultor, e se casou com a filha única de um grande*

---

4 O famoso **"não é justo!"** que os pais passam anos justificando: "ele é menor...", "ela é maior", "ele/ela estudou mais...".

*proprietário rural. Apesar de estar em boa situação, ele nos deu a entender que vai querer uma compensação financeira quando nós cedermos o local a seu irmão. Francamente, não temos os meios no momento. Eles que se arranjem na hora da partilha. O mais velho que fique com a casa:*

É assim que nascem as terríveis "histórias de família". Esses conflitos entre herdeiros correm o risco de perdurar por várias gerações. Quando surgem com os pais ainda em vida, podem às vezes se atenuar, por respeito ou carinho por eles, que se sentem muito abalados com essa situação. Mas recomeçarão com força total no momento da abertura do testamento.

## Relacionamentos distantes ou tragédias

Novamente a diferença entre filhos e filhas: os primeiros têm horror a tragédias e a rompimentos espetaculares. Quando querem sumir, a pedido de sua companheira ou por própria vontade, os rapazes vão se afastando "de fininho", vão espaçando suas visitas, sem dar grandes explicações. Conseguem fazer até parecerem lógicas e normais essas relações esporádicas. Suas mães estão sempre prontas a encontrar desculpas para eles – ainda que seja colocando a culpa na nora. Suas irmãs, ao contrário, começam as disputas com os pais com cenas dramáticas e explicações tempestuosas. Elas são mais propensas a bater as portas, soluçando, para deixar claro que não são de modo algum responsáveis pela tragédia. Conseguem assim, de má-fé, lançar a culpa naqueles com quem discutiam, o que as poupa de ter a consciência pesada.

Aliás, homens e mulheres utilizam essa mesma estratégia para romper suas ligações amorosas. Os primeiros se esquivam em silêncio; suas companheiras quebram tudo com palavras contundentes. A famosa reputação de "covardia" dos homens, assim o dizem, não teria outra origem a não ser nessa sua incapacidade – ou nessa reticência – para expressar seus sentimentos e fazer escolhas radicais, enquanto a "coragem" das mulheres corresponderia à sua necessidade de esclarecer as situações para se sentirem "coerentes" com suas decisões.

No início do relacionamento de um casal, as primeiras confidências trocadas entre namorados se referem à juventude de cada um deles. Crianças que tiveram tudo ou que se sentem carentes tomam às vezes seus parceiros como confidentes de suas dificuldades na infância. Na nossa sociedade, em que as dificuldades vividas na infância são usadas para demonstrar a força da personalidade,[5] as narrativas dão mais ênfase às más lembranças do que às boas. Assim, companheiros ou companheiras de nossos filhos se defrontam mais com as nossas lacunas pedagógicas do que com as lembranças de nosso carinho, de nossos esforços e de nossas conquistas. Assim, como podemos esperar que não ficariam desconfiados e cheios de preconceitos negativos a nosso respeito? Preconceitos que vão superar por eles mesmos, se nos mostrarmos acima de nossa reputação; dito de outra maneira, como sogras perfeitas.[6]

---

[5] Quando me entrevistam costumo ficar envergonhada ao confessar: "Tive uma infância feliz, com pais presentes, amorosos e responsáveis, da qual só tenho boas lembranças. Não, meu pai não bebia, não batia na minha mãe, e, apesar de sermos cinco filhos, nunca nos faltou nada". Eu sei que é uma desvantagem tremenda que não sensibiliza os telespectadores, ouvintes ou leitores ávidos por histórias tristes e de sucesso "a partir do nada". Na verdade, não somos responsáveis por termos nascido em berço de ouro.

[6] Ver no capítulo IX: Os mandamentos da sogra perfeita.

## O TAMANHO DA FAMÍLIA

O tamanho da família tem influência na intensidade e na diversidade dos conflitos.

**O filho único evidentemente** não conhece o ciúme entre irmãos, mas se queixa com freqüência de sua infância solitária. Ele conserva durante toda a vida uma sensação de abandono e acusa os pais de tê-lo deixado muitas vezes sozinho, principalmente à noite. Caso seja uma família constituída somente de mãe/filho, isso pode levar a uma verdadeira paixão pela "única mulher de sua vida", paixão que pode fazer com que hesite na adolescência entre um companheiro ou uma companheira...

Muitas vezes, decepcionado pelas dificuldades da vida a dois, o filho único corre o risco de ter uma história amorosa muito caótica. Na busca de um relacionamento pleno, que lhe permita se sentir em total segurança, como nos braços da mamãe quando pequeno, ele muda de parceiras assim que a paixão, nascida do encontro, perde sua intensidade.

Por sua vez, a mãe adulada por um filho único não se sente em competição com parceiras tão provisórias. Ela sabe que é a mais importante em qualquer circunstância. Como sogra, quando, enfim, se forma um casal, ou ela consegue se integrar totalmente na vida da nova família, ou se convence de que o filho não poderá ficar afastado dela por muito tempo. Fica então à espera do "choque", que devolverá seu lugar junto a seu "menino". A nora que não se deixou anular muitas vezes acaba se arrependendo: desde que o divórcio existe, nenhuma relação está garantia para toda a vida.

Nos últimos séculos, a indissolubilidade do casamento exacerbava os desentendimentos, que eram intermináveis. Em nossos dias, a banalização dos rompimentos torna os sentimentos relativos. Qual a mãe que, infeliz com a união de um de seus filhos, não tenha pensado no íntimo: *"Não é possível imaginar que ele/ela vá passar toda a vida assim... Nm dia ele/ela vai acabar indo embora..."*.

Quando se trata de filha única, o genro é mais facilmente integrado ao matriarcado – muitas vezes são três gerações[7] –, feliz como um galo no terreiro ao ser mimado por todas as suas mulheres.

**A família com dois filhos**[8] só traz vantagens para os jovens pais. Ela permite evitar a ditadura do filho único, sem trazer uma carga pesada demais para as mães que exercem uma profissão. Com uma única condição: que os filhos se dêem bem. Duas irmãs, dois irmãos ou um irmão e uma irmã, que se entendem realmente bem, podem ter entre eles, durante toda a vida, uma cumplicidade insubstituível. Aquela que faz com que nunca se sintam sós, que permite criar ou administrar uma empresa familiar, ou até terminar sua vida um ao lado do outro, quando filhos e cônjuges já não estão mais presentes. Encontrei durante minha pesquisa relações fraternas mais calorosas e mais solidárias que células mães/filhos.

No entanto, quando os dois não se dão bem – o que ocorre com muita freqüência quando competem pelo título de "queridinho" –, as brigas e a ciumeira começam com a vinda ao mundo do segundo filho e podem se prolongar por toda a vida. A mãe sofre com esse desentendimento, tenta restabelecer a paz entre cão e gato, fica desolada de vê-los escolher parceiros cujo primeiro gesto de solidariedade será de aderir à causa do (ou

---

7 Muitas vezes a avó materna desempenhou um papel protetor junto à filha que criava sozinha a criança. Ela assumia as funções maternas junto ao neto para permitir à jovem mãe ganhar seu sustento.
8 A preferência é que seja um casal: primeiro um menino, depois uma menina.

da) amado(a) no seio das brigas entre irmãos, ou até mesmo fratricidas. Os relacionamentos muitas vezes terminam em separações e, ao se desagregar o grupo familiar, a balança acaba pendendo para o lado dos pais da "Madame".

**As famílias numerosas**[9] dão muito trabalho no começo. Em contrapartida, são as que oferecem as possibilidades mais "abertas" às preferências ou às antipatias entre irmãos. Os pais deixam se formarem alianças entre maiores e menores, filhos do mesmo sexo, ou de temperamentos semelhantes. O papel de árbitros onipotentes fica mais leve. Como sogra, a mãe de família numerosa tem a vantagem de uma certa coleção de genros e noras; assim pode se permitir fazer escolhas por afinidade. Quando se sente rejeitada por quem se revolta contra sua autoridade, pode se sentir melhor junto a um casal mais acolhedor.

Por que essa insistência sobre a influência da infância sobre as futuras relações com nossos filhos adultos? Porque cheguei de minha viagem ao país das avós e sogras com uma convicção: se os desentendimentos com os casais de nossos próprios descendentes se cristalizam muitas vezes a partir do relacionamento sogra/nora, nossos filhos são os grandes responsáveis por esse clima difícil. Se quisessem, poderiam resolver muitos mal-entendidos e brigas. Para vingar-se de sua própria família, ou por temer represálias de sua cara-metade, preferem não se meter nessas confusões. Como na maioria dos casos a família da mu-

---

9 É assim que são chamadas as famílias de três ou mais filhos. Quando eu era criança, só eram consideradas numerosas as famílias com quatro ou cinco filhos. Famílias de mais de cinco filhos estão desaparecendo. Hoje em dia basta ter três para se gabar de ser "mãe de família numerosa", essa heroína dos tempos modernos.

lher tem prioridade, não é muito difícil ter novamente nossas filhas e os filhos dela junto a nós, mas é infinitamente mais delicado encontrar um bom equilíbrio junto a nossos filhos e aos filhos que tiveram com sua mulher.

Realmente, o desafio se torna enorme quando chega o bebê. A avó paterna, ou seja, a sogra, já sai com uma grande desvantagem. Terá ela ainda a chance de aproveitar plenamente esse presente maravilhoso caído do céu, em uma fase em que isso pode lhe trazer tantas alegrias?

# V

# Quando chegam os netos

"*Alô, mamãe, é um menino!*" Nunca esquecerei a voz de meu filho mais velho, trêmula e ao mesmo tempo vitoriosa, anunciando o nascimento de seu primeiro filho. Quanto a mim, algumas horas depois chorei de alegria ao conhecer, na maternidade, um clone de seu pai. "*É incrível como ele parece com o pai!*" – exclamei. Embora fosse verdade, é uma gafe que deve ser sempre evitada.

Muitos anos mais tarde, durante uma palestra na École des Grands-parents Européens (EGPE – escola dos avós europeus),[1] a psicóloga Marie-Claire Chain nos explicou que essa primeira visita da avó paterna à maternidade pode se tornar uma verdadeira catástrofe. Na alegria de descobrir seu neto, a sogra tende a esquecer que a jovem mãe também acaba de descobrir seu bebê.

---

[1] A escola dos avós europeus organiza reuniões de grupo para ajudar os avós a se situar nas relações familiares com seus filhos e netos. Participei de muitas dessas reuniões, e as achei muito úteis para organizar os sentimentos e evitar erros de comportamento.

Ela sente um orgulho imenso por ter posto no mundo esse ser humano tão frágil e tão encantador e não admite que se reivindique sequer uma pequena parcela do milagre que ela acabou de produzir. Ao insistir na semelhança com o pai, ainda que verdadeira, a avó dá a impressão de querer se apropriar de uma parte da obra-prima. Apesar de desprovida de qualquer má intenção, essa reflexão pode provocar um bloqueio irreversível na cabeça de sua nora.

Se o pai disser: *"Meu Deus, é incrível como ele/a se parece comigo!"*, a jovem mãe, encantada, vê nisso o reconhecimento do filho pelo pai. Se for a sogra, ela se revolta: ninguém no mundo, muito menos a sogra, tem o direito de decidir antes dela quais os traços herdados por seu filho de uma ou de outra família. Salvo, talvez, sua própria mãe, a avó materna, quando afirma: "A menina é a sua cara quando você nasceu..." Como sempre, a perpetuação do elo mãe/filha através das gerações...

## Cuidado com a apropriação intempestiva

Marie-Françoise Fuchs, médica e psicóloga, presidente fundadora da EGPE, relata outro exemplo de apropriação intempestiva no primeiro contato com um de seus netos na presença de sua mãe:

*Através de nossa linha aberta, "SOS avós", respondemos direta e anonimamente às perguntas. Uma avó paterna, ainda sob o choque e com a voz alterada pela emoção, conta que acabou de sair da maternidade, literalmente expulsa do quarto por uma nora fora de si. Sem pedir licença, tirou o netinho de seu berço de acrílico e o ninou, dizendo: "MEU bebê, como você é lindinho! Como o MEU bebê é bonzinho! Vamos nos dar muito bem, não é MEU bebê?...".*

*Esse possessivo repetido por três vezes pela sogra a respeito de SEU bebê fez a jovem mãe sair do sério. Tratou a pobre mulher de monopolizadora, e disse que SEU bebê não deveria ser pego por qualquer um, assim, sem sua autorização. Podem imaginar a reação da avó, tratada aqui de "qualquer uma"?! Tivemos muita dificuldade de fazer com que admitisse que o "erro" tinha sido dela e que seria melhor evitar manifestações intempestivas de seu instinto materno na presença desse bebê que não era seu.*

Eu me senti muito culpada escutando essa lição de discrição. Receio não ter me contido suficientemente nas minhas primeiras visitas às minhas noras, que tinham acabado de dar à luz. Que diabos, é verdade que esses bebês não são nossos! Seria melhor nos lembrarmos disso ao longo da vida, o que nos evitaria muitas mágoas e desilusões. Mesmo que os pais nos "emprestem" seus pimpolhos de vez em quando, eles vêm buscá-los com satisfação quando acaba nosso papel de babá.

Na verdade, tenho que reconhecer que, pessoalmente, na condição de uma avó paterna sou uma felizarda. Só estou em competição com uma de minhas quatro adversárias "maternas". As outras três não moram em Paris, sendo que uma delas, americana, vive do outro lado do Atlântico. A quarta também não mora perto, mas é tão prestativa que sua filha não hesita em fazer com que ela percorra quilômetros para acompanhar os "maiores" ao dentista ou levar os "menores" na terça-feira à noite para sua casa. Assim eles podem brincar na quarta-feira[2] no seu jardim, em vez de ficar plantados na frente da televisão em um apartamento parisiense.

Por sorte nos entendemos muito bem, compartilhamos os mesmos princípios educativos, os mesmos "agora basta" quan-

---

2 Na quarta-feira não há aula na França para crianças menores. (N.T.)

do nos fazem de bobas com mudanças incessantes de programas. Nenhuma se sente prejudicada pela outra: é que, afinal, somos só duas para ajudar essa mãe de quatro filhos que trabalha e fica sobrecarregada com seus horários de executiva!

## As avós maternas sempre levam vantagem

Meu caso é excepcional. Em regra geral, as avós paternas se dizem muito mais frustradas em seus contatos com os netos. Os números de uma pesquisa sobre "Avós e netos nos dias de hoje"[3] confirmam suas impressões subjetivas. Vejamos as principais conclusões:

• Trinta por cento das crianças de menos de três anos, cujas mães trabalham, ficam em tempo integral ou parcial com suas avós. *"Isso confirma mais uma vez a importância do papel de cuidadores dos avós, principalmente dos avós maternos."*

• A grande maioria dos netos gosta muito, e até mesmo ama de paixão os avós. Sobretudo os maternos: 80%. Uma ínfima minoria não gosta nem um pouco deles. Nesse ponto, podemos observar que são os avós paternos que obtêm os maiores percentuais de desamor: cerca de 14% dos netos dizem não gostar deles.

---

3 Antoine Delestre, "Presse Universitaire de Nancy". Pesquisa realizada com intenção pedagógica pelos estudantes de sociologia da Universidade de Nancy II junto a 522 avós e seus netos (62 trabalhadores do campo, 86 artesões, comerciantes e donos de empresa, 78 executivos e representantes de profissões intelectuais, 94 técnicos, 105 empregados e 97 operários). A maioria deles, aposentada.

• À pergunta "Algum de seus avós tem qualidades que você aprecia em particular?", foi respondido SIM a 62,8% para uma avó materna; 56,5% para um avô materno, 49,8% para a avó paterna e 49% para o avô paterno. A percentagem de respostas positivas passa a 78% para aqueles que ficam muitas vezes por semana aos cuidados de suas avós maternas. Parece que essas qualidades da avó materna foram muitas vezes descobertas quando, ainda pequenos, passavam seus dias com ela.

• *"Seja qual for o assunto pesquisado (férias, presentes, confidências, cartas ou telefonemas), observa-se uma sensível diferença favorável aos avós maternos. No Natal, 72% das comemorações são na casa deles. O mesmo ocorre nos feriados, com a exceção do Ano-novo e da Páscoa".* Para o Ano-novo, a explicação parece simples: os jovens compensam no dia 1º de janeiro sua ausência no Natal. Quanto à Páscoa, não encontrei explicação lógica, salvo talvez que os avós maternos ficam com as crianças com tanta freqüência que em algum momento os pais sentem que têm que reparar essa "injustiça"...

A conclusão dessas pesquisas é clara: *"Podemos constatar uma diferença, quase sempre constante, a favor dos avós maternos. Deve-se essa diferença ao lugar de destaque que a mãe sempre ocupa na família e aos vínculos privilegiados que ela geralmente mantém com sua própria mãe, vínculos esses que acabam repercutindo na relação dos netos com sua avó materna".*

O futuro não deve melhorar em nada o destino das pobres avós paternas. O célebre demógrafo Louis Roussel[4] chegou a predizer uma alta constante do valor da "família materna" na

---

4 *La Famille Incertaine*, edições Odile Jacob, 1989.

bolsa dos sentimentos: "As novas formas de composição e recomposição das famílias provavelmente tornarão sem valor a solidariedade que normalmente ocorre nas uniões e conseqüentemente o vínculo com os avós paternos, uma vez que elas serão cada vez mais condicionais. Sendo o único segmento solidário durável na família, o que une a mãe a seu filho, a ligação com os avós maternos ficaria consideravelmente reforçada".

## Todos iguais em nosso coração

Talvez vocês se perguntem por que insisto tanto sobre as diferenças entre os dois ramos da árvore genealógica de nossos netos. É porque estou convencida de que essas diferenças são a origem de muitas das desilusões das avós. Algumas se desdobram para fazer tudo o que lhes pedem, deixando-se explorar à vontade, organizam suas atividades de lazer em função das férias escolares, respeitam ao máximo as ordens maternas, fazem inúmeros pratos de batatas fritas e musses de chocolate para agradar aos "pequerruchos", mesmo que estejam elas próprias de regime. Em troca, elas recebem apenas um "obrigado" constrangido e forçado da parte dos netos, e um outro um pouco mais caloroso da parte dos pais. Podemos até pensar se não acham que nós é que deveríamos ficar agradecidas. Vejam só, eles nos confiaram durante um tempo seus inestimáveis "tesouros"... Deveríamos estar imensamente gratas por tal prova de confiança!

A priori, não vejo nenhuma razão para que nossos netos, filhos de nossos filhos, sejam menos queridos e que seu desenvolvimento físico e psicológico nos interesse menos do que o dos filhos de nossas filhas. Do meu ponto de vista, toda boa avó não faz diferença entre seus netos. Aliás, na civilização ocidental, o amor por um filho raramente depende de seu sexo e de sua situação no grupo familiar. O prestígio do sobrenome, o lugar privilegiado do mais velho, a supervalorização dos meninos, a subestimação das meninas são, graças à "liberação das mulheres", "valores" em constante regressão. Apenas algumas famílias realmente conservadoras ou profundamente religiosas fazem ainda essas distinções tão fora de moda.

Assim, se amamos tanto nossos filhos quanto nossas filhas, por que seríamos avós menos carinhosas e menos competentes quando se trata de tomar conta dos filhos de nossos filhos?

A razão desse "pressuposto" me parece vir de uma diferença de memória. Apesar de as companheiras ou esposas de nossos filhos se mostrarem às vezes reticentes em relação à sua própria mãe, no mínimo guardaram a lembrança de sua competência como educadora. Mas não foram testemunhas dessa nossa capacidade quando eram pequenas. Daí a tendência de confiar seu bebê à mamãe em vez de confiá-lo à Sogra. Os únicos casos de "avós paternas" aceitas e reconhecidas (excetuando-se os casos de desaparecimento prematuro da avó materna) são os das noras que têm mau relacionamento com as mães ou que estejam brigadas com elas. Rebeldes, incompreendidas ou abandonadas por uma mãe "malvada", elas buscam junto da outra família um refúgio protetor e uma "mão-de-obra" disponível para ajudá-las a assumir suas tarefas. Melhor uma substituta simpática do que uma mãe problemática... Ainda mais que essa preferência serve como uma vingancinha contra aquela "julgada" malvada.

Todas as mães de famílias com filhos e filhas admitiram para mim que tiveram contatos mais freqüentes, mais íntimos, mais calorosos com os filhos de suas filhas do que com os de suas noras. Salvo distância da primeira e proximidade geográfica da segunda...

Rolande, fazendeira, cujos seis filhos moram num raio de dez quilômetros de sua propriedade, não consegue explicar essa diferença:

*Quando saem da escola, os dois filhos de Jocelyne passam quase todos os dias na minha casa para lanchar. Eles brincam no quintal, me ajudam a cuidar das galinhas, fazem seus deveres de casa enquanto esperam seus pais chegarem. Meu genro trabalha nos Correios; Jocelyne é cabeleireira na cidade: o salão fecha às 19 horas.*
*As duas filhas e o filho de Roland quase nunca vêm junto com os primos. Eles voltam diretamente para casa. A mãe, dona-de-casa, faz questão de supervisionar os deveres e estudar as lições com eles. Tanto que somente vemos as crianças na presença dos pais, um ou dois domingos por mês, quando vêm todos almoçar.*
*Um dia meu filho me fez a seguinte queixa: ele e sua mulher acham que trato melhor os filhos de sua irmã do que os dele. O que você quer? É normal termos mais intimidade com quem vemos quase todos os dias do que com quem nos visita uma ou duas vezes no mês. Não é uma questão de preferência, e sim de convivência.*

E se fosse o inverso, cara Rolande? Se sua nora trabalhasse todos os dias até as 19 horas, e sua filha ficasse em casa e achasse que era ela que deveria ajudar com os deveres à noite? Será que a situação seria a mesma? Tenho a sensação de que nós, as sogras, nem sempre agimos de boa-fé, temos uma tendência a botar mais lenha na fogueira, em vez de procurar explicações mais racionais.

## Um preconceito secular

A desconfiança das jovens mães em relação às avós paternas não é, no entanto, uma lenda, mas sim um dado importante no dia-a-dia das três gerações. As jovens mães de meninos se dão conta disso se analisarem suas atitudes com boa-fé e lucidez.

Eu mesma constatei isso. Quando minha sogra, aliás, uma mulher formidável, vinha me falar qualquer coisa sobre a saúde dos "meus" dois filhos mais velhos, do tipo: *"Você não acha que os meninos andam um pouco pálidos?"* ou *"Christophe está tossindo muito ultimamente, quem sabe não seria bom lhe dar um xarope?"*, suas observações, embora muitas vezes justas, me irritavam, e eu pensava comigo mesma: "Por que ela está se metendo? A aparência dos meus filhos não é da sua conta!". As mesmas observações, vindas de minha mãe, me soavam como prova de interesse quanto a seus netos e faziam com que eu marcasse, sem falta, uma consulta com o pediatra. Eu tinha, sem me dar conta, adotado essa diferença, totalmente infundada, que é transmitida através dos séculos pela maioria das mulheres, sem mesmo procurar as razões de um preconceito tão negativo.

Lembro nitidamente uma conversa, entre mulheres, em um estúdio de televisão depois de um programa em que eu tinha participado.

A apresentadora, apressada, foi logo dizendo: "Ah, meninas, preciso ir embora. As crianças saem do colégio às quatro e meia. Mamãe não pôde ir buscá-los. Vou correndo. É tão raro mamãe me pedir uma folga".

Perguntei inocentemente: "Mas por que você não pediu à avó deles para ir no lugar dela?".

A apresentadora, me olhando como se eu fosse uma débil mental, repetiu: "Acabei de dizer que ela não pode!".

E eu insisti: "Eu estava falando da outra avó, sua sogra...".

A apresentadora respondeu num tom incisivo: "Eu, confiar meus filhos à minha sogra? Nem me passou pela cabeça!".

Ela estava apressada. Eu, pasma. A conversa parou por aí. Não tive tempo de lhe perguntar as verdadeiras razões sobre seu comentário. Talvez sua sogra fosse tão sobrecarregada quanto ela no campo profissional... Talvez ela não gostasse de bancar a babá. Talvez elas não se entendessem bem. Seja lá o que fosse, meu ego de avó exclusivamente paterna tinha acabado de levar um grande golpe. Como era possível uma mulher jovem, moderna, inteligente e dinâmica ser vítima de um preconceito tão ilógico? Justamente por essa desconfiança não ter nada a ver com uma análise objetiva ou racional. Trata-se de um reflexo quase congênito que é transmitido como uma verdade indiscutível. Desconfia-se da sogra como alguns acreditam em Deus e outros se confessam racistas: porque é assim desde que o mundo é mundo...

Observo que esse fatalismo, vindo de uma escritora como eu, mais conhecida pelo otimismo do que pelo pessimismo de suas análises, surpreenda vocês. Não posso fazer nada, conto simplesmente o que vi e tenho ouvido todos os dias quando minhas amigas e eu comentamos nossos casos de sogra enquanto tomamos um café. Não é agradável, mas é assim mesmo.

### Truques que ajudam

Das sogras que encontrei, jovens ou velhas[5] avós recentes ou com um conjunto de netos de sexos e idades variadas, ne-

---

5 A mais jovem da minha amostragem tinha 45 anos; seu filho tinha acabado de ter um filho, não programado, com sua companheira. A mais velha tinha 82 anos, dez netos e já dois bisnetos.

nhuma me propôs um método infalível para se sentir à vontade no papel de avó paterna. No entanto, ao longo das conversas, colhi um certo número de "truques" que podem melhorar essa situação. Trata-se, na maioria das vezes, de modificar a maneira de nos situar ou de nos comportar, já que a idéia de mudar o modo de ser das noras é totalmente utópica. Gostaria de lembrar que a maioria dessas boas resoluções pode também servir para as "avós maternas" cujas filhas venham a se mostrar em alguns casos um pouco menos exclusivas com seus filhos e não muito mais carinhosas do que uma nora "média":

• **Dê-se ao luxo de ter preferências.** Os pais se sentem culpados quando fazem diferença entre seus filhos; já os avós podem se permitir ter afinidades, ou preferências. Aproveite plenamente as manifestações de afeição de um neto e não insista muito quando outro mostra sua indiferença fazendo cara feia assim que entra na sua casa. Se acham que você não é simpática, não mude só para que lhe perdoem uma antipatia cujas origens não consegue entender.

Yolanda, mãe de dois filhos e avó de quatro netas, duas exatamente da mesma idade, confessa com todas as letras:

*Mesmo que rejeite a palavra preferência, que soa como uma censura quando meu filho e minha nora a pronunciam, digamos que não tenho a mesma afinidade por essas duas primas; uma me incomoda e me faz sentir culpada, ela dá sempre a impressão que não se faz o bastante por ela; a outra pula no meu colo assim que me vê. É uma pena, mas não posso fazer nada. Aliás as crianças também têm o direito de fazer diferença entre os avós...*

É isso aí; nossos netos não têm obrigação de gostar de nós!

• **Aceite, sorrindo, que, no jogo das semelhanças, você seja responsável mais pelas imperfeições do que pelas perfeições.** Certamente você já deve ter observado que os belos olhos, os corpos esguios, as boas notas em sua maioria têm sua origem no lado materno. Nos álbuns de fotos da mãe da mãe sempre aparece um bisavô ou um antepassado com um nariz romano, mãos de pianista ou uma vasta cabeleira. Em contrapartida, os pés chatos, o nariz grande e as pernas finas perseguem os descendentes da linha paterna. Quantas vezes não ouvi, em relação a uma ou outra de minhas netas, a crítica sobre meus pés grandes:

*Coitadinha, você tem os pés da sua avó,*[6]*que falta de sorte... Ainda bem que na sua geração os rapazes dão cada vez menos importância a tornozelos finos e à elegância do andar...*

Que culpa têm meus pobres pés?

• **Tire partido da incompatibilidade entre o calendário escolar e os horários dos casais quando ambos trabalham;** aproveite os momentos em que as avós maternas estão cansadas e vão para um spa. Em algum momento vão lhe propor tomar conta de seus netos. Aceite sem discutir, caso estiver disponível, mas saiba recusar, caso você tiver um passeio previamente combinado com amigos ou outro filho já tiver reservado, em sua casa, três lugares para o mesmo período. Todas nós sabemos que as crianças se comportam muito melhor sozinhas do que quando estão com os pais. Os feriados são uma boa ocasião para se conhecer melhor, contanto que sua casa não se trans-

---

6 É verdade, calço 40, mas e daí? Uma das coisas que não se pode mudar é o tamanho dos pés.

forme em uma colônia de férias. Senão sua função de monitora faz com que você corra o risco de adotar um tom irritado e autoritário que confirmaria a reputação que provavelmente já lhe é atribuída...

- **Peça somente um mínimo de ajuda aos que têm menos de 12 anos.** Por distração, preguiça ou falta de hábito, eles esquecem o que lhes foi pedido. Essa negligência irrita e cansa você, mas seria um erro ver nessa falta de consideração e de colaboração um sinal de pouco-caso. Eles se comportam com você exatamente da mesma forma que fazem com suas mães. Durante as férias, estas tendem a se colocar completamente à disposição deles, para se redimirem por sua ausência durante os 220 dias em que estão trabalhando.[7]

Se você achar que as crianças deles são displicentes e difíceis de administrar, espace essas temporadas, mas, por favor, não se queixe das pequenas maravilhas quando seus pais vierem buscá-las. Não dá para corrigir em poucas semanas por ano comportamentos habituais. Se eles fazem gato e sapato dos pais, é seu direito não deixar que eles usem e abusem de você. Para fugir à essa escravidão, uma única solução: ficar menos com eles, e, principalmente, não procurar fazer mais do que pedem!

- **Lembre-se do seu comportamento quando seus filhos eram pequenos,** quando na condição de sogra você se sente ignorada. Essa "analise das lembranças" pode ajudá-la a não dar grande importância ao que acontece hoje com você:

---

7 Obtive este dado contabilizando: 5 semanas de férias + 2 dias livres nas 47 semanas restantes + uma dezena de feriados + 6 dias de licença médica (o que parece razoável) = 220.

– Você era tão imparcial com sua mãe quanto era com sua sogra em relação à divisão dos períodos de férias?

– Você gostava tanto de passar um fim de semana na casa dos seus pais quanto na casa dos seus sogros?

– Você não ia na sexta-feira à noite para casa de uns, mas somente no sábado, no fim da manhã, para casa dos outros, para escapar a duas noites seguidas com eles?

– Você ficava tão contente em dormir na cama de solteiro de seu marido quanto encontrar, nas férias, seu paraíso de menina?

– Não ficava cansada ao escutar sua sogra contar, pela enésima vez, as gracinhas do filho ou os tombos de bicicleta do papai de seus netos quando tinha a mesma idade, enquanto você até encorajava sua mãe com um sorriso quando, a pedido das crianças, ela contava suas estripulias?

• **Saiba que os adolescentes atravessam uma fase de auto-afirmação e revolta contra seus pais** entre os 13 e os 18 anos para as meninas e um pouquinho mais tarde e por mais tempo para os meninos. A avó materna também pode exasperá-los durante esses anos de rebeldia; ela também não gosta de vê-los "crescer". Aproveite a oportunidade para adotar um papel de confidente menos autoritária e mais a par das "coisas da vida". A avó mais próxima dos netos, quando pequenos, nem sempre é a preferida dos maiores.

Um ponto a favor das avós paternas no relatório da universidade de Nancy.

*A propósito de confidências secretas, segundo o relato dos avós, parece que são os avós paternos (sobretudo as avós) e principalmente os menos idosos que contam os segredos de família – casos de bisavós durante as guerras, filhos legítimos ou ilegítimos na família, árvores genealógicas... Os avós paternos confiariam muito mais segredos a seus netos porque teriam com eles relacionamentos menos densos? Superioridade secreta e/ou compensação?*

Essa noção de reconhecimento tardio, sugerida pelo relatório, até que me agrada!

**• Leve em conta a sua idade e sua forma física para dosar sua ajuda.** Uma avó de cinqüenta a 55 anos[8] pode ainda facilmente correr atrás de uma criança com passos vacilantes e levantar seus dez a treze quilos vinte vezes por dia quando cai. A mesma avó, vinte anos mais tarde, vai se contentar de fazer bilubilu e brincar com marionetes, e vai ficar com as crianças sem tentar correr atrás delas. Somente quando tiverem quatro ou cinco anos, e olhe lá, ela terá forças para tomar conta dos garotos.

Se você e seu marido ficam exaustos depois de duas noites maldormidas por causa de um bebê, tenha a coragem de reconhecer essa falta de vitalidade totalmente normal na nossa idade. Se várias centenas de quilômetros com as crianças brigando no banco de trás no carro deixam suas costas em pandarecos, não vá buscá-las na casa dos pais e peça-lhes que as deixem e apanhem em sua casa.

**• Se você é uma avó desnaturada, tenha a coragem de reconhecê-lo e dizê-lo.** Se você prefere dançar a ficar com eles, trabalhar a paparicá-los, viajar com o companheiro a tomar conta de um bando, se cuidar a se sacrificar, seja franca. No fundo, sua filha ficará furiosa com seu comportamento egocêntrico,

---

8 Idade em que as francesas se tornam normalmente avós pela primeira vez, sendo as "maternas" mais precoces do que as paternas. Nos próximos vinte anos essa idade deverá aumentar vários anos: quanto mais tarde as jovens de hoje tiverem seu primeiro filho, mais tarde elas serão avós.

mas ela já conhece você há tanto tempo que provavelmente não esperava que se transformasse em avó "babona". Em compensação, sua nora ou seu genro vão perdoá-la facilmente. Essa discrição pode até deixá-los aliviados. Durante um debate na televisão, um genro teve a franqueza de declarar fazendo graça: "Minha sogra? Eu adoro minha sogra... Três ou quatro dias por ano... E chega!".

## Ao longo da "vida tranqüila"

Lendo este livro, você talvez tenha a impressão de que falo pouco das comemorações, dos instantes de profunda cumplicidade, da certeza de seguir o curso da vida que os filhos de nossos filhos nos proporcionam. É verdade. Deixei de lado todas essas alegrias possíveis de nosso destino de avós. Fiz de propósito. É que apareceram nos últimos anos tantos livros sobre avós ou a "arte de ser avós", que me pareceu inútil insistir no lado positivo do nosso papel nessa saga. Muitos psicólogos, sociólogos, historiadores e jornalistas já o fizeram antes de mim!

Não se preocupe. Desfruto todas essas alegrias há 23 anos, a idade do meu neto mais velho; somos precoces na família! No início de minhas pesquisas, tinha até o projeto de escrever um livro muito prático sobre a "arte de ser avó". Meus primeiros contatos mudaram meu objetivo. Quando chegava à casa de minhas "desconhecidas selecionadas",[9] depois de dez ou

---

[9] Essas mulheres foram selecionadas segundo os critérios de idade, número de netos, estado civil (morando sozinhas, casadas, viúvas ou divorciadas), profissões (atuais ou passadas) exercidas por elas e seus maridos, nível econômico. Recolhi testemunhos de mais de cento e cinqüenta mulheres em diferentes regiões do país graças a associações culturais, sociais ou de caridade locais.

quinze minutos consagrados a suas pequenas maravilhas, todas começavam sistematicamente a se queixar da sogra e a relatar as histórias das confusões ou brigas ao longo das "vidas tranqüilas" de suas famílias.

Até aquelas que parecem idílicas, vistas do exterior, abrigam quase todas incompatibilidades e rancores que só são expressos entre quatro paredes. O relacionamento sogra/nora é um exemplo disso.

Foi então que tomei a decisão de abordar esse aspecto muitas vezes esquecido de uma pretensa "comunicação" indispensável em família. Já difíceis de superar nas famílias "clássicas", esses mal-entendidos entre parentes tomam proporções devastadoras quando as famílias se desfazem e se refazem. Uma ou mais vezes...

# VI

## Reorganização das famílias

Monique tem 60 anos. Magra, moderninha, dinâmica, sorridente, aparenta dez anos menos. Acaba de se aposentar como funcionária pública e seu segundo marido ainda trabalha. Ela mora numa cidade do interior que adora e de onde nunca saiu, apesar de suas peripécias conjugais.

– *Quantos filhos você tem?*

Ela hesita. É a primeira vez que vejo uma mãe hesitar quando faço essa pergunta; fiz um comentário a esse respeito e ela sorriu:

*Na realidade, tenho dois – dois homens – e meu marido tem três – também homens. Durante dez anos os cinco moraram em nossa casa, mas meus, mesmo, são só dois. Quando estranhos nos fazem essa pergunta, digo: temos cinco filhos; meu marido sempre explica: "Tenho três meninos, mas minha mulher tem dois". Temos também um monte de netos; quatro do meu lado, seis do lado dele. Sou ao mesmo tempo mãe, madrasta, sogra da mulher de meu filho mais velho, ex-sogra da ex-mulher do meu segundo filho que acaba de se divorciar, avó e avó postiça dos filhos dos filhos do meu marido. Olha que engraçado, ainda não inventaram uma palavra para dizer o lugar que ocupo em relação às mulheres e companheiras de meus enteados. Sogra postiça? É realmente esquisito!*

## Multiplicidade de uniões e separações

Os europeus de hoje não consideram o quebra-cabeça da família de Monique nem raro nem condenável. Todos nós conhecemos casos semelhantes.

No decorrer de minha pesquisa junto às sogras, fiquei surpresa com a multiplicidade de uniões e separações de todos os tipos que cataloguei, sem distinção de categoria social ou nível de vida.

Annette, professora de piano que também trabalha como acompanhante ao piano de cursos de balé em numa cidade do interior, não tem uma vida fácil. Sua filha mais velha é muito instável, o que ela não consegue digerir:

*Em dezoito anos, fui sogra de cinco homens diferentes. Minha filha já voltou três vezes para casa, com filhos, armas e bagagens...*
*A cada vez, era o grande amor. O primeiro não durou muito: ela voltou depois de dois anos, sem ter se casado e sem filhos. Ufa! O segundo era um professor universitário que estava se divorciando. Ela fez tudo para ter um filho com ele. Ele não se casou com ela. Depois a deixou para voltar para a antiga mulher. Segunda volta para a casa de papai e mamãe com um bebê. O terceiro homem era mais novo do que ela. Ele logo se propôs a casar e reconhecer o bebê. Um ano depois, as coisas já não iam bem; foi minha filha que pediu o divórcio. Depois de uma pequena temporada em nossa casa, eis*

*que ela se apaixona loucamente por um cidadão de Marseille. Esse seu segundo marido era rico. Ela achou que teria uma boa vida. Tiveram um menino. Mas o marido se drogava. No início, com cocaína; quando passou a se injetar heroína, minha filha o deixou. Ela e os dois filhos vivem conosco desde esse então.*

Diante dessa avalanche de "genros", legítimos ou não, Annette optou por não bancar a verdadeira sogra. Ela gostou muito do professor universitário e do mais jovem, mas, desconfiando que a história não duraria muito, preferiu não estabelecer relações muito estreitas com os parceiros de sua filha. É com humor negro que se apresenta como cinco vezes sogra!

A quantidade de testemunhos que descrevem a volta para a casa dos pais, com ou sem filhos, por ocasião da separação me impressionou. Inclusive cheguei à conclusão de que os ricos se divorciam ou se separam porque têm meios para isso, e os pobres[1] porque, de qualquer modo, não têm nada a perder. É preferível viver na miséria a ser traído ou espancada ainda por cima. Talvez a única diferença seja a de que os ricos se casam para fazer festa e para assegurar o futuro econômico das mulheres e dos filhos. As classes menos favorecidas preferem o concubinato, após a primeira separação, para evitar gastos e complicações administrativas.

Algumas reorganizações familiares podem se revelar ainda mais complicadas. Separações, divórcios, novas uniões, filhos legítimos e ilegítimos – agora iguais perante a lei –, segundos

---

[1] Pobres: sei que essa palavra não é mais politicamente correta; mas, em certas famílias, morando sem conforto algum, minadas pelo desemprego, quando o dinheiro acaba antes do fim do mês, é isso que me vem à mente quando escrevo.

casamentos, filhos de casamentos anteriores, segundos divórcios, mortes, viuvez exigem dos indivíduos, no seio das famílias em freqüente recomposição, uma prova de grande capacidade de adaptação e tolerância.

Antigamente escondiam-se as "escapadas" do filho querido. Ainda que lá no fundo não se estivesse descontente que ele "se desse melhor" com a "outra" do que com sua mulher legítima. Muitas mães preocupavam-se com a satisfação sexual de seus filhos. Já quando se tratava das filhas, principalmente se havia crianças, se preocupavam mais com o conforto material. Aliás, até vinte anos atrás, nem passava pela cabeça das filhas contar suas aventuras a papai e mamãe. Hoje em dia fala-se abertamente das separações, sendo os pais geralmente os primeiros a ser informados – principalmente quando a notícia vem acompanhada por um pedido de abrigo provisório ou uma ajuda financeira, também provisória, palavra de honra!

## Quando são oito pais

Não se pode esquecer de que a geração dos jovens sogros de nossos dias (cinqüenta-55 anos) foi uma das primeiras a introduzir em grande número o divórcio e o segundo casamento em suas opções de vida. A grande maioria não adotou o concubinato, tendo sido a união livre mais comum, na última década, entre os jovens de menos de trinta anos. Daí que alguns de nossos filhos tenham muitos casais de pais.

Era nisso que eu pensava enquanto observava a cerimônia do casamento de meu filho. Éramos ao todo quatro casais de "pais". Quatro sogras em perspectiva para os pombinhos! Duas verdadeiras: a mãe da noiva e eu, e duas postiças, casadas com os pais dos noivos. Como querer que os jovens não fiquem sufocados com tantos pais e mães? Onde encontrar tempo para visitar todos, saber notícias de cada um por telefone,[2] contar as gracinhas dos netos, distribuir as fotos das férias, responder aos convites, desejar feliz aniversário, dar presentes de Natal e lhes dedicar um fim de semana? Quando eles têm que agradar a dois casais de pais, já não é fácil. Com quatro, é impossível!

Voltando à Monique e ao começo deste capítulo, seu caso me pareceu tão representativo dessas novas configurações afetivas, que decidi falar mais detalhadamente sobre nossa conversa.

Seu primeiro marido foi embora com uma jovem que ele tinha conhecido num estágio de "psicologia experimental" para professores estressados. Os dois meninos tinham, então, onze e nove anos.

*Eu me vi sozinha com os dois meninos, sem pensão alimentícia. O pai tinha direito à visita, mas nem mesmo vinha ver os filhos.*

Clássico: um terço de filhos de pais divorciados nunca vê o pai durante sua infância.

*Pois é, você não vai acreditar: esse pai nunca ligou para os filhos quando eram pequenos. Agora, desde que se tornaram pais, são esses filhos que se ocupam dele. Eles o visitam durante as férias ou nos fins de semana prolongados e até levam os netos para que ele os veja.*

Muito comum: os filhos que sofreram com a ausência paterna tentam, quando, por sua vez, se tornam pais, reatar esses vínculos.

---

[2] Principalmente porque os mais velhos, em idade de casar os filhos, sofrem cada vez mais de males diversos, grandes e pequenos.

*Comigo eles não se preocupam, pois de qualquer modo eu me desdobro para ver minhas netas sempre que posso. Um dia, eles me contaram que tinham convidado o pai e a mulher para irem a um restaurante. Nunca pensaram em fazer o mesmo comigo. Eles adoram vir comer lá em casa: praticamente nunca me convidam!*

Lógico: mamãe sempre estava pronta para fazer a comida da família; enquanto o coitado do papai não pode, é lógico, pedir à sua mulher, que mal nos conhece, para cozinhar para nós!

*De vez em quando isso me magoa. Talvez eu esteja com um pouco de ciúme? Quando minha neta fala do meu ex, chamando-o de vovozinho, fico muito irritada.*

Cara Monique, eis aí um sentimento muito comum à maioria das esposas que viram o pássaro deixar o ninho por uma avezinha mais jovem. Nós, por mais que nos gabemos de ter dado mais importância ao equilíbrio das crianças do que ao nosso ressentimento, quando nossos esforços para manter os contatos a qualquer preço não dão bons resultados, sentimos uma certa amargura.... Como é possível que o fujão tenha conservado tanta ascendência sobre os filhos?

Mas afinal, por que nos incomoda essa fibra paterna – ou de avô – que desperta tardiamente? Pensando bem, deveríamos até estar contentes por nossos filhos encontrarem na sua vida adulta uma presença paterna que tanta falta lhes fez durante a infância ou adolescência. Antes tarde do que nunca!

Nas relações sogra/nora, ter casais de pais separados não facilita nada. Muitas vezes vemos surgir uma espécie de cumplicidade "incestuosa" entre uma jovem nora um pouquinho provocante e sedutora e o velho³ pai de seu cônjuge, mais para velho bonitão do que para bom pai. Nem preciso dizer quanto a atitude da nora irrita a sogra!

Mais irritante ainda é a cumplicidade da nora com a segunda mulher do sogro. Geralmente mais jovem do que a primeira, e de modo algum "visceralmente" ligada a seu enteado, ela se torna facilmente "amiguinha" do jovem casal. Afinal, eles são da mesma faixa etária, ou quase. O fosso entre as gerações é mais fácil de ser transposto quando a jovem madrasta serve de ponte...

O que irrita mesmo a verdadeira sogra: o status de avô/pai recente de seu "ex", quando o homem, já grisalho, se dá ao luxo de um lifting e de um bebê.⁴ O tio/tia e o sobrinho/a, da mesma idade, propiciam algumas vezes relações muito íntimas entre a sogra por segunda união e a nora postiça!

## Por que as mulheres mais velhas vivem sozinhas

Vejo que insisto muito no segundo casamento dos sogros e que falo pouco dos segundos companheiros das mães. Isso é conseqüência de minha pesquisa: encontrei pela França afora muito mais mulheres abandonadas ou que tinham saído de casa por não suportarem mais viver com um alcoólatra ou com um homem violento do que homens trocados por um outro entre as mulheres de cinqüenta anos.

Uma explicação? O mercado do segundo cônjuge, muito favorável para as mulheres de menos de quarenta anos, se tor-

---

3 Velho: a palavra é chocante? Não se esqueça de que, para os jovens com menos de trinta anos, toda pessoa com mais de cinqüenta anos é "velha".
4 Cirurgia plástica e paternidade tardia – com mais de 50 anos – são um luxo que somente os homens das classes mais favorecidas podem se dar.

na difícil para as mulheres entre quarenta e 55 e totalmente catastrófico a partir daí. Três razões para essa notória falta de bons partidos – e mesmo não tão bons, mas educados – para as senhoras cada vez mais bem "conservadas":

• **Um déficit de homens.** Como já disse, existe em todos os países ocidentais uma maior mortalidade masculina, sobretudo a partir dos cinqüenta anos. Nessa segunda metade da vida é principalmente a morte que separa os cônjuges; e aí, em três dentre quatro casos, é o homem que morre. A partir dos sessenta anos, a proporção de mulheres casadas diminui muito, enquanto, proporcionalmente, os homens vivem em geral com uma companheira. Tanto que aos 75 anos, 80% dos homens ainda vivem com alguém, e entre as mulheres isso ocorre somente com uma em duas.

Os sites de encontros na internet ou os anúncios em jornais são o reflexo dessa desproporção. Um homem de cabelos brancos pode receber dezenas de respostas, ao passo que uma mulher, mesmo *"esbelta, ativa, que ama a natureza, sem filhos em casa, professora aposentada..."*, tem poucas chances de encontrar alguém interessante.

• **Uma concorrência desleal das mulheres jovens.** Inútil insistir sobre a preferência masculina por carne fresca. Essa atração dos homens pelas mocinhas – mesmo que não sejam tão trabalhadeiras e cultas quanto suas amigas de infância – combina com a fantasia bem conhecida das jovens em busca da figura paterna. Que sonho se deixar mimar, paparicar, cortejar por um homem terno e atencioso – o que seu pai não teve tempo de fazer quando eram crianças!

Para corresponder a essa expectativa, é melhor não contar com os jovens machos, obcecados por sua própria realização pessoal. Os homens mais velhos se saem melhor, ainda mais se tiverem meios para fazer as vontades de sua bela. Nova retração no mercado já escasso.

- **A descoberta da independência pelas mulheres.** Mesmo preferindo ter a oportunidade de viver um grande amor,[5] muitas mulheres mais velhas constatam que é perfeitamente possível sobreviver sem homem. Algumas chegam até a se deixar levar por esse vento de liberdade após anos cuidando de filhos ingratos e paparicando um marido nem sempre ideal. Uma vez aberta a porta da gaiola em condições muitas vezes dramáticas – separação ou viuvez – elas passam a gostar de viver sozinhas, descobrem o prazer de ter a cama só para elas, sentem alívio de não serem mais obrigadas a cozinhar todos os dias – ainda que de vez em quando prepararem uma bela refeição para seus convidados –, têm o prazer de ver os filmes que apreciam e a satisfação de não ter mais medo do olhar do outro sobre suas rugas.

Quanto mais fazem o aprendizado da autonomia – inclusive a autonomia financeira, caso das que ainda trabalham, das que recebem uma aposentadoria, das divorciadas com pensão alimentícia ou das viúvas que recebem um pecúlio –, mais elas se tornam exigentes quanto ao retrato falado do Príncipe Encantado com quem aceitariam juntar, novamente, as escovas de dentes.

Eis aí por que, pobre nora, você tem poucas chances de ver sua sogra refazer a vida e deixar de ser um peso na vida do casal.

---

5 Uma das grandes mentiras da mídia nos dias de hoje é dizer às pobres leitoras que "o amor acontece em todas as idades". Em seguida contam o caso de uma louca paixão entre um homem e uma mulher... de mais de 65 anos. Eles se reencontram depois de quarenta anos de casamento... com outros cônjuges. Isso acontece, é verdade, mas as chances de se estar entre as eleitas são quase nulas.

O QUEBRA-CABEÇA DAS FESTAS

Nunca é demais insistir sobre o quebra-cabeça das festas em família quando se trata de pais casados em segundas núpcias e de sogras solitárias, principalmente quando mágoas antigas vêm tornar complicados os convites e a disposição dos lugares à mesa. Natal é um exemplo típico dessas reuniões repetidas e complexas, geradoras de gafes e de subentendidos, fontes de constrangimentos.

Durante uma reunião da Escola dos Avós Europeus, pouco antes do dia 25 de dezembro, a organizadora nos propôs o seguinte tema de reflexão: *As Festas de Fim de Ano*. Não vou revelar detalhadamente histórias pessoais de cada uma das participantes, vou me contentar em dizer que mais da metade chorou ao evocar suas lembranças de Natais passados e os problemas daquele momento. A emoção provocada nos provou que essa festa considerada como capaz de trazer paz e alegria aos corações, com seu lote de presentes, de fartura, de guirlandas e bolas cintilantes, provoca muitas vezes mais tristeza do que entusiasmo quando as famílias se multiplicam ou se dividem.

Essas cenas em que a sogra reúne todos em sua mansão aconchegante no Natal acontecem somente nas novelas. Diante do lindo pinheiro, rei das florestas, ao lado do terceiro marido, ela acolhe todos os filhos, seus irmãos e suas irmãs de diversas e diversas origens. Todos chegam com os braços cheios de presentes: os ex-maridos com as mulheres, sua ex-nora e seu companheiro com o seu bebê, o namorado da filha, que ainda não está "totalmente" livre, mas de quem ela já está grávida, seu filho e sua nora, a mãe da nora (a coitada não pode ficar sozinha na noite de Natal). E todo mundo se beija, se senta à mesa para, com um olhar terno, ver as crianças derramarem refrigerante na toalha bordada de estrelinhas, herança da bisavó.

Na vida real as festas de fim de ano nunca acontecem de maneira tão idílica. Mesmo quando começamos a planejá-las desde outubro, é quase impossível que, em dezembro, as coisas estejam organizadas da melhor forma para todos. Natal é sempre a ocasião de recomeçar as "guerrinhas" das famílias, tanto nas de "origem" quanto nas "recompostas".

Vimos no capítulo anterior que 72% dessas reuniões acontecem na casa dos avós maternos. É inevitável que os pobres avós paternos se sintam desconsiderados e deixados de lado. Só lhes resta como consolo as filhas e os filhos dela, contanto que tenham uma filha e que ela tenha filhos. Não sendo esse o caso, é comum serem convidados pela família da nora, o que em geral não agrada à sogra. Fingir uma falsa cordialidade comendo peru com castanhas[6] não é sempre um programa prazeroso. Mesmo em casa, com os próprios filhos, os rancores e os ressentimentos vêm à tona quando já se bebeu além da conta, como mostra o admirável filme dinamarquês *Festen*. Pior ainda: comer sem vontade um pedaço de bolo de Natal, entre pessoas que mal se conhece[7], recordando os Natais maravilhosos quando os filhos eram pequenos.

No fim das contas, a maioria das pessoas mais velhas prefere comer salmão e beber champanhe assistindo aos shows ou à missa na televisão a ir festejar tristemente o Natal na casa dos outros.

---

6 Um dos pratos mais indigestos e sem graça que conheço, mas tradição é tradição e os netos adoram isso.

7 Há sempre um cunhado um tanto embriagado, marido de uma das irmãs de seu genro, para fazer gracinhas idiotas e se achar muito espirituoso, assim como uma irmã da família materna, viúva recente, para contar sobre os Natais com seu finado marido.

## Como não desagradar a ninguém

Quando os pais estão no segundo casamento, com filhos e netos de todas as origens – pois os filhos podem ser também pais ou mães de diferentes "ninhadas" –, o Natal se torna simplesmente um pesadelo. Quem escolher? Quem mimar? Como não desagradar a ninguém? Como participar sem se arruinar quando se tem que oferecer presentes a todos? Como conciliar os direitos de visita com o desejo legítimo da avó paterna de abraçar os netos que moram com as mães?

Quando o filho se casa pela segunda vez, as coisas se complicam ainda mais, pois é preciso pensar nos pais da segunda nora que também querem estar com ela e com as crianças.

Algumas entrevistadas me explicaram que, em sua família recomposta, o período de Natal pode durar até quinze dias, se quisermos partilhar um momento de ternura com todos os que amamos e que nem sempre têm vontade de se encontrar. Quando sete dias de festa não são suficientes para ver todo mundo, o Dia de Reis permite que se reúna, até o início de janeiro, os ausentes ou os excluídos de dezembro.

Cada vez mais freqüente a segunda geração, cansada dessa situação de seus ascendentes, decide, a partir de então, festejar o Natal na sua própria casa, com seus filhos e aqueles que quiserem se juntar a eles. Essa perda do direito de reunir a turma toda em sua própria casa corresponde ao fim do reinado da Rainha Mãe. Ela é destituída de seu papel de pivô familiar e se vê relegada ao papel de "velhinha querida". Quando várias noras tomam as rédeas do trenó do Papai Noel, só resta à sogra se organizar para marcar presença alternadamente na casa de uns e depois na casa de outros, durante vários anos, em função do número de filhos – ou se retirar de cena para não desagradar ninguém.

Por que você acha que os restaurantes, as excursões de navio e os spas ficam repletos de pessoas mais velhas na semana de Natal e na do Ano-novo? Porque elas tentam escapar da confusão desses festejos muito complicados para administrar e, às vezes, também, nostálgicos demais.

No tempo de minha avó, festejávamos o Natal na família nuclear (pais/filhos exclusivamente) e no dia 1º de janeiro íamos todos desejar um feliz Ano-novo à vovó, que nos reunia em volta de um farto e delicioso lanche. Grande idéia que nos permitia cumprimentar na mesma ocasião tios, tias, os primos e primas, sem multiplicar os encontros. Infelizmente essa fórmula não se adapta aos costumes das gerações atuais. A maioria dorme muito tarde no *réveillon* para fazer o sacrifício de se vestir – e até mesmo caprichar na roupa, no caso das mulheres e das crianças – no dia 1º de janeiro, na hora do lanche.

Todo ano sinto uma certa nostalgia quando, de manhãzinha, no Ano-novo, fico no meu apartamento silencioso sozinha, sem um telefonema. Digo a mim mesma que não devo ficar ressentida: estão todos dormindo. Mas mesmo assim fico um pouco triste com os adultos e com os adolescentes – porque se ninguém está disponível para ajudar os menores a telefonar, eles não podem fazer nada. Se soubessem o prazer que me dá suas vozes quando dizem: *"Feliz Ano-novo, Vovó!"*, *"Tudo de bom, mamãe!"*, estou certa de que fariam o esforço de anotar na sua agenda eletrônica "FELIZ ANO-NOVO, MAMÃE" todos os primeiros de janeiro do século XXI.

## Quando os filhos se divorciam

O que os pais casados há muito tempo ou divorciados pensam das brigas e das separações que afetam seus filhos? Na verdade eles são muito mais tolerantes do que os das gerações anteriores.

Enquanto não houver netos em jogo, eles intervêm o menos possível nas disputas e recriminações entre jovens e perdem rapidamente o contato com o/a "ex" que não tem mais nenhuma razão para permanecer no círculo familiar. Muitos pais, e principalmente as sogras, sentem até certo alívio com essas separações prematuras.

Quando o casamento não dura muito tempo – menos de cinco anos –, para a sogra, muitas vezes, a discórdia já era evidente desde o começo.

> *"Eu bem que tinha avisado que essa moça não servia para você", lembra Antoinette, falando da ex-mulher de seu filho único; mas ele estava apaixonado e sonhava ter filhos que se parecessem com ela, que era realmente muito bonita. Eles se casaram logo, depressa demais, sem mesmo terem tido tempo para se conhecer melhor. Alguns meses depois, ela começou a sair para dançar à noite, a voltar às 3 da manhã, enfim, a aproveitar a vida! Ele ficou muito infeliz. Seu pai e eu ficamos muito aliviados quando ele nos comunicou que iam se divorciar. Ainda bem que não tiveram filhos! Sempre nos perguntaríamos quem seria o pai biológico.*[8]

Enquanto os jovens vivem juntos sem ter filhos, as duas mulheres, a mãe e a companheira, conservam às vezes uma espécie de amizade, nascida de todos esses anos de convivência. A relação entre elas pode ter se estabelecido num clima de simpatia recíproca; nada as obrigava a conviverem, já que não eram

---

8 Essa noção de pai biológico passou a fazer parte da linguagem corrente. Eu ouvi isso muitas vezes nas histórias das famílias recompostas.

parentes. Sem obrigações, sem exigências, sem lutas pelo poder, portanto sem ressentimentos. Foi principalmente o fato de não haver filhos que evitou o grande confronto entre o poder total de mãe da primeira e a necessidade de expressar o amor de avó materna da outra.

Tendo o capítulo V tratado amplamente das dificuldades entre sogra e nora quando nasce o filho, resta-nos compreender o que se passa quando os pais desse filho se separam.

## Os netos do divórcio

As avós, ou seja, as sogras, desempenham muitas vezes um papel muito importante junto a seus netos em caso de separação dos pais.

As avós maternas se desdobram para ajudar a filha que tem a guarda da criança – nove em dez casos esta é atribuída à mãe tanto no caso de separação consensual como litigiosa. Elas pressionam o marido a dar uma ajuda financeira, já que as jovens mães, sozinhas com filhos, têm grandes dificuldades materiais depois de uma separação. Mesmo que trabalhem, a queda em seu nível de vida é de cerca de 30%, quando o salário principal – quase sempre o do homem – desaparece.

Quando a filha de Louise decidiu deixar o marido – apaixonada por outro há anos, ela se recusou a continuar vivendo essa vida dupla –, ela foi para casa dos pais enquanto esperava que as questões legais fossem resolvidas. Louise adorou poder ficar com seus dois netos de treze e dez anos de quem cuida em tempo integral para ajudar a filha que trabalha:

*Durante um pouco mais de dois anos, foi muito bom ouvir de novo risadas de crianças em casa. Nossa vida de aposentados voltou a ter um sentido. Nossos dias, em função dos horários escolares, passam tão rápido!*

*Há um mês, minha filha nos comunicou sua intenção de ir morar na casa "daquele homem" com as crianças. Fico preocupada: elas não querem se mudar de novo. Francamente, acho que estão melhor aqui conosco. Outro dia a mãe me disse num tom seco: "São MEUS filhos, faço o que quero...". Uma bela maneira de agradecer os dois anos que passaram conosco!*

A coitada da Louise caiu na armadilha. Os avós deveriam sempre se lembrar: quaisquer que sejam os sentimentos que tenham e a ajuda que prestem, um filho depende da autoridade dos pais. Somos úteis muitas vezes, jamais indispensáveis. Se a mãe deles quiser se mudar para longe, ou até para o exterior, tem todo o direito. O pai, que não tem a guarda, e os avós, não podem fazer quase nada.

Isso explica por que tantas sogras se esforçam para manter relações cordiais com os pais de seus netos, ex-genros ou ex-noras. Para preservar os contatos numa atmosfera não muito passional, organizar com calma os dias de visita, planejar as férias, dividir as despesas, coordenar as compras, encontrar as roupas esquecidas etc., as sogras estão muitas vezes menos estressadas do que o casal que está se divorciando e que está com os nervos à flor da pele. Depois, quando os conflitos se amenizarem, e cada um dos pais se casar novamente, quando novos bebês vierem completar as famílias recompostas,[9] as sogras não terão mais um papel atuante e serão convidadas a ficar no lugar delas. O segundo....

---

9 Em regra geral, as famílias recompostas acabam tendo mais filhos do que se ficassem num primeiro casamento. A vontade de ter um "nosso" faz a curva da natalidade subir.

## E OS NETOS POSTIÇOS?

Última conseqüência dos divórcios de nossos filhos: a chegada de netos postiços em nossa vida de sogra. Aqueles que os parceiros de nossos filhos adultos trazem no seu "kit-família". Como reagem então as avós postiças? Como para tudo o que se refere às reações individuais, é impossível estabelecer um comportamento padrão. Muitas variáveis podem modificar os sentimentos:
– a idade de nossos netos postiços quando os conhecemos;
– o fato de viverem ou não na casa de nossos filhos;
– nossas relações com a mãe deles;
– a existência de avós verdadeiras, muito ou pouco presentes;
– a quantidade e a idade de nossos próprios netos;
– a idade aproximada entre primos e primos postiços;
– a maior ou menor freqüência em que estão juntos, em fins de semana ou nas férias...

De fato, quando os vemos pouco e somente em família, esses netos postiços só sentem por nós uma espécie de indiferença educada, mais ou menos afável, segundo seus temperamentos. A mesma que as crianças costumam sentir pelos "velhos"[10] amigos de seus pais.

Já que ela é avó e avó postiça ao mesmo tempo, pergunto a Suzanne sobre sua relação afetiva com todos os netos, os consangüíneos e os por aliança:

---

10 Todos os avós são velhos aos olhos de seus netos. Não devemos nos espantar nem nos aborrecer quando nos perguntam: "Quando é que você vai morrer?" ou "Como é ser velho como você?"; até seus próprios pais já são velhos para eles.

*Eu adoro bebês, acho que é antes de completarem dois anos que se criam os vínculos "para sempre". Ora, não conheci nenhum desses meninos ainda pequenos. Tinham seis e oito anos quando meu filho foi morar com a mãe deles. Um pouco tarde demais para criar verdadeiros laços de grande amizade entre nós. Para ser bem sincera, tenho que reconhecer que me sinto mais atraída e mais emocionalmente envolvida com os "originais" do que com os "acidentais".*
*No entanto, quando minha nora lhes deu uma irmãzinha – em nossa família nunca se diz meio-irmã –, ficamos mais íntimas. Quem sabe se com o tempo vamos passar juntas por tantos acontecimentos que acabaremos por partilhar uma história comum e ter as mesmas lembranças. É assim que vamos ter a oportunidade de fazer parte da mesma família...*

Será que basta realmente compartilhar uma história e lembranças para se sentir da mesma família para sempre? Essa tendência que as sogras têm de se apegarem às mães dos netos, mesmo quando os pais estão separados ou divorciados, seria a prova disso.

## Sogra e ex-nora continuam amigas

Fiquei surpresa ao ouvir tantas sogras reconhecerem que tinham uma ligação mais fácil com a primeira nora do que com a segunda. Michèle, ela própria divorciada, constata que se sente mais próxima da primeira mulher de um de seus filhos do que da segunda.

*Na realidade deveria misturar as duas: a primeira pelo seu bom humor, a segunda pela sua energia e pelo seu senso de organização. A primeira não é boa dona-de-casa, seus filhos vivem na bagunça e*

*até mesmo na sujeira, mas ela lhes dá muito amor. Eles nuca estão impecáveis, mas são muito descontraídos e acham que a vida é bela. A segunda só pensa no dinheiro e no aspirador. Quando ela vem me visitar, tenho sempre a impressão de que me censura porque tenho uma casa melhor do que a dela. Os dois juntos, no entanto, ganham mais do que eu!*
*Com a primeira, passei alguns dos melhores anos de minha vida. Em dez anos construímos muitas lembranças em comum! Ela me deu meus primeiros netos. Para mim, a mãe de minhas duas netinhas fará sempre parte da família.*

Para ser bem sincera, Michèle teve que reconhecer que o pouco-caso de sua primeira nora com as coisas da casa a irritava mais quando seu filho vivia naquele ambiente "boêmio".

Freqüentemente essa conivência com as "ex" ecomo origem um mesmo amor pelas crianças e uma vontade ferrenha de manter contato, sem depender da boa vontade do filho. Os raros "dias de visita" são naturalmente exclusivos do pai, e este nem sempre quer dividir com sua mãe esses momentos de intimidade...

Às vezes também acontece de a sogra desaprovar a atitude de um filho que se comportou mal no momento da separação. Ela procura reparar esse "erro" em nome da família paterna. É o caso de Bernadette:

*Eu era muito jovem quando me aposentei como professora primária. Depois de trinta anos dessa profissão desgastante, achei que tinha o direito de descansar. Minha minguada aposentadoria mais a pensão de meu marido me bastavam para viver. Podia até mimar os netos e viajar uma vez por ano.*
*Há três anos, meu filho teve uma terrível crise de meia-idade. Largou mulher, filhos e trabalho para "viver sua vida", deixando sua*

*família sem recursos. Ele foi embora sem deixar endereço. Nunca pensei que fosse capaz de tal covardia. Decidi "lavar minha honra" ajudando financeiramente minha nora e os filhos. Fui trabalhar como diarista, sem carteira assinada. Dou todo meu ordenado a eles.*

Bernadette foi a primeira a me revelar esse pagamento de "pensão/avó". Depois me dei conta de que ela não era a única, longe disso. Por debaixo dos panos, quase que secretamente, para não provocar ciúme nos outros filhos ou para não arrumar briga com o marido, muitas tiram parte de seu salário, de sua aposentadoria ou de suas economias para continuar a se sentir "responsáveis" pelo bem-estar de seus netos do divórcio. Seu instinto materno faz com que tenham medo que eles sejam menos felizes do que os outros e as leva a lhes dar uma atenção e uma ajuda especiais.

Quanto aos sogros, eles se contentam muitas vezes em copiar a atitude de suas mulheres. Nesse campo, como nos outros, os homens se sentem mais espectadores do que atores no teatro da vida familiar.

# VII

## Tenham piedade dos homens

E os homens como ficam nessa história? O que dizem? O que fazem? Como reagem? Que papel desempenham junto aos genros e noras? Que lugar ocupam na vida de seus netos? Sogros simpáticos ou indiferentes? Avós "babões" ou ausentes?

Comecemos pelas estatísticas. Se os sogros com mais de setenta anos se tornam um tanto raros, eles ainda estão, em sua maioria, presentes na chegada dos primeiros netos. No século XVIII, somente 5% das crianças ainda tinham seus quatro avós ao nascer; aos dez anos, 38% deles já não tinham mais nenhum, e aos 21 anos 73% da terceira geração tinha visto desaparecer todos os representantes da primeira. No século XIX, ainda não se ouvia falar muito de avós, com a exceção de Vitor Hugo que foi um protótipo de avô.

Agora o cenário mudou. Segundo as estatísticas, uma criança que nasce, nos dias de hoje, tem em média 3,8 avós e 3,2 bisavós.

Durante a maior parte do século XX, os homens gastaram sua energia para gerar os avanços econômicos e as revoluções tecnológicas do mundo moderno, lutar e tentar sobreviver ao longo das guerras em que os europeus mataram uns aos outros e discutir ideologias políticas ou progresso social. Já o papel dos sogros dentro do círculo familiar continuou extremamente tradicional. Eles eram os guardiões do nome, do patrimônio – se fosse o caso – e, essencialmente, exigiam respeito. Eles não seguravam os bebês, não empurravam seus carrinhos, nem se interessavam pelos estudos dos netos até a entrada no segundo grau, e os estudos das netas não faziam parte de suas principais preocupações. A morte raramente lhes dava a chance de aproveitar a aposentadoria para serem avós e depois bisavós em tempo integral.

De vinte anos para cá, surgiram os "novos avós". A redução do tempo de trabalho, a antecipação das aposentadorias e a longevidade lhes permitem participar mais das atividades da família. Os jovens pais, peritos na técnica de mudar fraldas e especialistas em empurrar carrinhos de bebê, lhes mostram o caminho para uma relação mais ativa com as crianças, mais carinhosa e sobretudo mais próxima.

As autoras de *A Arte de Ser Avós*[1] constatam:

> *O comportamento dos avós não é muito diferente do comportamento das avós. O tempo que passam cuidando dos netos é mais ou menos o mesmo; a diferença está no grau de dedicação. Suas atividades com os netos são do mesmo tipo, mas os avós as desempenham, principalmente, durante as férias [...]. A preferência pelos filhos da filha que se observa em muitas avós é bem menor no avô, que valoriza sua descendência masculina, aquela que transmite o nome da família.*

---

1 Fuchs, Marie-Françoise, Laplagne, Geneviève, *L'art d'être Grands-parents*, Minerva, Genebra, 1999.

Mas voltemos aos nossos sogros: a diferença entre eles e suas mulheres salta aos olhos. Enquanto as relações sogra/nora são complexas, complicadas, cheias de subentendidos e de segundas intenções, os comportamentos dos sogros, herdados de seu papel no passado, são fáceis de decifrar. Tudo depende da atitude que tiveram como pais quando seus próprios filhos eram pequenos. Segundo suas mulheres e ex-mulheres, eles podem ser classificados em três categorias:

- **O trabalhador compulsivo**

Sua vida profissional sempre esteve em primeiro lugar. Os problemas domésticos e afetivos da família ficavam, exclusivamente, por conta da mulher. Ele não teve – ou não arranjou – tempo para ver seus filhos crescerem.

Quando estes, por sua vez, vão viver com alguém, mais da metade dos trabalhadores compulsivos ainda está em plena atividade. Muitos estão atravessando um momento delicado em suas carreiras. Entre cinqüenta e sessenta anos, ou chegaram ao topo de suas carreira e precisam redobrar os esforços e as horas extras para não serem expelidos pelos mais jovens, ou sentem que estão em declínio e lutam com todas as forças para evitar o desemprego e a perda de grande parte do seu salário. Eles não têm tempo para se ocupar nem de seus filhos nem de suas parceiras.

O que não impede que, ao encontrar, pela primeira vez, no sofá da sala um casalzinho, diante de garrafas de refrigerante ou latas de cerveja vazias, ou então famintos na cozinha na hora do café-de-manhã, a reação negativa do trabalhador compulsivo tenha por alvo, forçosamente, a mãe do/da culpado/a.

*Em um domingo de manhã* – conta Helena, que ri muito quando se lembra – *meu marido ficou frente a frente no corredor com Valérie, a namoradinha do meu filho, usando o roupão dele. Furio-*

*so, ele veio me perguntar quem era aquela moça que estava na sua casa, usando o "seu" roupão.*
*Expliquei que Olivier tinha a intenção de ir morar com ela no ano seguinte, assim que terminasse os estudos. Ele ficou furioso: "Tudo isso acontece na minha própria casa e ninguém se dá o trabalho de me participar. Eu ainda sou o pai de Olivier, não?". Revidei logo que já tinha falado com ele ao menos três vezes dos amores de seu filho... Entre seis ligações no seu celular e dois vôos, ele provavelmente não teve tempo de registrar minha mensagem.*
*No ano seguinte, quando os meninos falaram em casamento, ele aconselhou que esperassem um pouco, mesmo que isso significasse que os dois ficassem morando conosco. Na realidade ele não queria ver seu filho sair de casa de vez.*

Estamos longe dos "pedidos de casamento" de terno e gravata, ou das apresentações formais das noivas. Os pais não são mais donos da mão de suas filhas, nem os juízes nas escolhas dos filhos. Como não lhes pedem mais sua autorização nem mesmo sua opinião, eles se contentam em fazer comentários com a mulher, que tem a missão de transmiti-los aos filhos. Julgamentos bem sumários de homens apressados e nada sutis: os companheiros de suas filhas e as companheiras de seus filhos jamais estão à altura dos filhos de um homem como ele.

A partir daí, no papel de chefe da tribo, o trabalhador compulsivo mostra uma leve preferência pelas filhas e noras. Seus filhos e genros o irritam. Ele não os considera realmente à sua altura e reclama que eles não se esforçam muito para ganhar o suficiente para montar casa sem pedir sua ajuda.

Ele nunca foi muito bom pai. É um sogro ausente, portanto fácil de conviver e talvez um dia seja um "avô babão", mas não contem muito com isso!

- **O machão**

Sua vida profissional mais ou menos ativa não é o elemento determinante de sua personalidade. Funcionário público ou artesão, homem do campo ou engenheiro, o machão vive sua vida de homem com princípios de homem, lazeres de homem, horários de homem. Mulher e filho(s) podem integrar-se nesse universo de vez em quando, quando ele lhes der essa chance. Sua autoridade, baseada em sua superioridade de macho, não pode ser contestada.

Como pai, ele exige que os filhos satisfaçam seu ego. Ele não é muito exigente em relação à quantidade: dois lhe bastam. Em compensação, ele faz reivindicações muito precisas em relação à qualidade. Ele quer que o primeiro filho seja homem: um menino levado, bom aluno, que o acompanhe nas pescarias e no futebol faça chuva ou faça sol. Em seguida, ele gostaria de uma menina bonita, de vestidinho florido, que brinque de boneca ou que ajude sua mãe na cozinha.

Quando as crianças são muito pequenas, ele brinca com elas antes de ir jogar na loto ou beber no bar da esquina com os amigos. Quando o menino cresce, papai leva-o ao estádio nos dias dos grandes jogos, ensina-o a jogar cartas, e se orgulha de fazer pipi de pé a seu lado, entre homens. Louco pela filha, ele a chama de *"MINHA rainha! MINHA princesa! MINHA linda"* e brinca *"Está para nascer aquele que ousará encostar na MINHA belezinha!"*. Se não é um complexo de Édipo às avessas, bem que parece...

Mas acontece que o rapaz que ousaria encostar na sua filha adolescente já nasceu, aliás, quase ao mesmo tempo que ela. Numa bela noite de primavera, ele chega em sua moto vermelha para levá-la ao cinema. O pai pode resmungar à vontade, não vai adiantar nada. Um beijinho na testa do papai contrariado, e a pombinha sai voando: *"Não esperem por mim, não sei a que horas vou voltar..."*. Que seja esse ou um outro que acabe levando a mocinha, começou o longo martírio do sogro machão. Ele nunca perdoará completamente esse "dom-juan" por ter roubado seu tesouro.

Alguns anos mais tarde, no dia do casamento "de verdade", ou com a netinha no colo, ele disfarça o choro – se bem que a princípio homem que é homem não chora – e pega seu talão de cheques para instalar convenientemente essa turminha. Sua filha foi tão carinhosa ao lhe pedir um empréstimo (que ele bem sabe nunca será totalmente pago) e ele fica tão feliz quando a netinha puxa sua barba rindo, que assina com prazer, sem nem mesmo ser preciso que sua mulher interceda. Não se dá mais dote às filhas, mas se dá uma ajuda, o que no fim das contas vai dar no mesmo.

Quanto ao filho, as relações dependem em grande parte da personalidade da nora e do relacionamento do jovem casal. O machão não suporta que seu filho querido se deixe dominar por uma moça autoritária e determinada.

Marie-Laure mostra uma grande lucidez. Seu marido não poderá impor aos jovens o tipo de vida que ela sempre aceitou.

> *A companheira do nosso filho Jérôme é muito bonita e muito inteligente. Eles trabalham na mesma empresa; acho que ela deve ganhar mais do que ele. Jérôme é louco por ela: feliz e dominado.*
> 
> *Pessoalmente aprovo e entendo a escolha de Jérôme; durante a infância, ele foi tão reprimido por seu pai, que se sente bem sob a autoridade da mulher. Ela lhe dá segurança.*
> 
> *Meu marido, ao contrário, fica exasperado com a docilidade de seu filho e o considera um "capacho"; as relações entre o pai e os jovens quase se azedaram. Minha nora achava o sogro um velho reacionário, ele a censurava por ser uma feminista castradora. Quanto à política, era ainda pior: ela faz parte do Partido Socialista e meu marido chora todos os dias lendo no jornal as mazelas da direita.*

*Os almoços de domingo estavam ficando complicados, aliás, estávamos até pensando em acabar com eles.*
*Tudo mudou no dia em que ela pôs no mundo nosso pequeno Lucas. Jérôme o reconheceu e, portanto, ele tem nosso nome. Como além disso ele teve a boa idéia de se parecer muito muito com o avô, a cotação da mãe está em alta. Meu marido não a considera mais autoritária, mas voluntariosa; ele começa a achar que seu filho tem muita sorte de ter uma companheira tão capaz.*
*Capaz de quê?, perguntei. Espantado com a minha pergunta, ele deu de ombros. "Capaz de nos dar, a meu filho e a mim, um herdeiro digno de usar nosso nome!"*

Com o tempo, esses sogros machões podem até se tornar mais "light". Eles não se metem muito nessas intrigas femininas que poluem o ambiente entre as mulheres à sua volta. Se suas mulheres ou seus filhos tentam tomá-los como testemunhas nas suas briguinhas, eles fecham as escotilhas, entram na sua concha como os caramujos, abrem o jornal, aumentam o som da televisão. Eles querem paz e se convenceram, com certa razão, de que a melhor maneira consiste em interferir o menos possível. Essa forma tão masculina de deixar passar a tempestade, recusando tomar partido, muitas vezes deixa as mulheres fora de si. Incapazes de compreender e aceitar essa fraqueza masculina, elas ficam falando durante dias e anos entre irmãs/primas/vizinhas/amigas sobre a covardia dos homens.

Tenham piedade dos homens e de seus silêncios! Muitas vezes, com o passar do tempo, fica evidente que eles não estavam tão errados ao ficar fora da confusão. Assim, quando as nuvens passam, eles podem retomar seu lugar de patriarcas magnânimos enquanto seu harém cura as feridas e perdoa as ofensas.

• O superpai

Eles nasceram em famílias numerosas, numa época em que a vida material, no dia-a-dia, não era fácil. Trazem de sua infância a nostalgia de uma boa camaradagem entre irmãos e a lembrança de sua mãe esgotada pelas tarefas domésticas, dedicada a todos e preocupada com cada um. Quando por sua vez se tornaram pais, prometeram a si mesmos que a mulher deles não passaria por aqueles cansaços e sacrifícios.

Os primeiros casais a se beneficiarem da contracepção puderam escolher o tamanho de sua família (três filhos no máximo). Os superpais participaram mais ativamente que os homens das gerações anteriores nas tarefas domésticas e na educação dos filhos. Na época já eram chamados de "superpais", verdadeiros pioneiros de uma nova paternidade que aceita tomar a seu cargo uma parte das tarefas maternas.

Pais mais ansiosos, sogros que dão mais trabalho. O casamento de seus filhos queridos representa para eles uma etapa difícil. Eles compartilham com a mulher a famosa síndrome do "ninho vazio", ainda mais difícil de suportar porque muitas vezes ocorre no momento em que as dificuldades profissionais se multiplicam e em que aparecem os primeiros sinais da velhice. Resultado: assim como as sogras, os "supersogros", apesar de um pouco rabugentos, são gente boa, mas não deixam de ser um peso na vida dos jovens casais. Muitas vezes habilidosos, eles se oferecem para dar uma mãozinha no jardim ou na casa, ajuda essa que é bem aceita, na condição de serem discretos e evitarem marteladas e barulho com a furadeira aos sábados e domingos pela manhã.

O superpai gostaria muito de continuar a ser um amigão do filho ou da filha adultos, como no tempo em que, sentados em seu colo, eles lhe contavam o seu dia no colégio ou as brigas no pátio do recreio. Depois de ter se dedicado tanto aos seus filhos pequenos, ele não compreende por que, de agora em diante, ele, o pai, representa apenas um papel secundário em sua vida de jovens adultos. Quanto a ele, seus sentimentos não mudaram. Na realidade, ele tem um grande coração cheio de amor para dar. Estava pronto para acolher com amor os que entrassem na tribo; ficou muito desiludido: gostam dele, mas não lhe dão o devido valor.

Tenham piedade dos superpais aposentados. Mas que eles não contem muito com os filhos casados para preencher o vazio do seu tempo livre, livre até demais. Que se consolem, tornando-se aqueles superavós, que aceitam assumir seu papel sem tentar bancar o eterno jovem. Um avô que conte histórias ou fale das lembranças, um avô brincalhão, disposto a ficar de quatro, apesar dos pobres joelhos, quando as crianças querem que ele seja o cavalo do caubói. Nesse papel ele não corre o risco de se decepcionar.

### Filhos múltiplos; pais únicos

Observei muitas vezes essa frustração diante da incapacidade dos parceiros de nossos filhos adultos de terem sentimentos filiais em relação a seus sogros e sogras. Principalmente os superpais, pais ou mães, para quem é difícil cortar o cordão umbilical e que esperam que esse "filho a mais" evitará que aumente o fosso entre eles.

Chantal recorda:

*Quando Lucie veio fazer parte de nossa família, meu marido e eu ficamos encantados. Simpática, inteligente, parecia realmente apaixonada pelo nosso filho. Ficamos felizes por ter mais uma filha (temos duas filhas e um filho). Com o tempo, ficamos decepcionados.*

*Lucie adora os pais e prefere passar seus domingos e as férias com eles a ficar em nossa casa. Estávamos prontos para recebê-la de braços abertos, tratá-la como nossa filha; ela nos deu a entender, gentil mas firmemente, que não precisava nem de outro pai nem de outra mãe...*

Procurei uma razão para ela ter sido posta no banco de reservas; encontrei a explicação, incrivelmente simples, nas palavras do sociólogo François de Singly:[2] a capacidade de multiplicar o amor por seus filhos parece a coisa mais natural do mundo para aqueles pais que têm esse dom. A prova disso é que quase todos os casais, no início, desejam um filho, depois, a idéia de um segundo surge naturalmente e talvez até mesmo a vontade de ter um terceiro. A maioria dos pais se sente, portanto, capaz e até desejosa de amar vários filhos ao mesmo tempo, sem ter a sensação de estar traindo um ao beneficiar o outro. O filho, ao contrário, ama com exclusividade; ele tem UMA mãe e UM pai e se sentiria muito culpado se preferisse ou mesmo gostasse de outros adultos com tal intensidade. Ele não quer nem precisa de um pai ou de uma mãe a mais.

Claude Halmos, psicanalista, dá um exemplo dessa recusa inconsciente na criança de se permitir qualquer sentimento que possa fazer seus pais acreditarem que eles não ocupam o primeiro lugar no seu coração. Todos os avós que tomam conta dos seus netos reconhecerão a seguinte situação que se repete cada vez que ficam sozinhos com eles, por alguns dias:

---

[2] Prefácio do livro de Clotilde Lemarchant *"Belles-filles, Avec les Beaux-parents trouver la bonne distance"*, coleção "Le sens social", Presses universitaires de Rennes, 1999.

*— Quando seus netos passam as férias com você, sem os pais, eles se comportam, são carinhosos, obedientes, alegres, enfim, uns anjos. Assim que os pais chegam, tornam-se insuportáveis. Do mesmo modo, depois de terem passado um dia se divertindo com os primos, é só o pai ou a mãe telefonar à noite que começam a choramingar, a se queixar com aquele voz de sofredores, dizendo que não estão comendo nada e que têm pesadelos à noite.*
*É a maneira que encontram para dizer a seus pais que não devem temer que eles gostem de alguém mais do que deles. Como estão se divertindo sem o papai e a mamãe, como viram, enfim, que podem viver sem eles, temem que seus queridos pais se sintam traídos e abandonados. Ao se queixarem, eles estão lhes dizendo: "Não fiquem preocupados, mamãe e papai, eu só gosto de vocês, não consigo me divertir nem ser feliz longe de vocês".*
*— Então a nora observa: "Veja só, quando estão com os pais dela, eles não se divertem, ficam com saudades".*
*— Sim, mas isso é porque a nora é que não entendeu nada! Nós não dizemos o bastante às crianças que eles têm o direito de gostar de outras pessoas e que seus pais não vão ficar zangados com elas se gostarem do avô, da avó ou da mãe de um amiguinho!*

Na verdade, nós, os pais, estamos muito longe de tal generosidade. Muito pelo contrário, pais e mães passam o tempo todo dando e exigindo provas de um amor exclusivo. Basta observar nossas noras quando estamos com seus filhos no colo. Elas dizem: *"Como você está feliz com seu vovô, queridinha, faz um carinho nele"*. No fundo estão pensando: *"Faz uma semana que não vejo você, meu amor, seria a minha vez de ser paparicada"*. Sabendo que tais pensamentos não são muito simpáticos, elas se seguram para não falar nada, mas seus olhos dizem tudo. Todos esses subentendidos podem causar estragos nos relacionamentos entre as gerações, inclusive entre as crianças muito pequenas, que "sentem" isso e se sentem culpadas.

De noite na cama, a sogra procura a cumplicidade do marido:

*Você viu a cara da mãe da sua neta quando a menina se escondeu atrás de você, ao ver o carro dos pais chegar?*

Não, francamente, o sogro não viu nada. Ele estava tão feliz em receber seu filho em casa que nem reparou nas caras e bocas da mãe.

Na mesma noite, em outra cama, a nora quis saber do marido:

*Você viu o olhar de triunfo do seu pai quando o menino, no fim do almoço, lhe perguntou se podia tomar um picolé, em vez de nos perguntar?*

Não, francamente, ele não tinha percebido nenhum brilho de satisfação nos olhos do seu papai. Ele estava se sentindo bem, com seu filho e seus pais, na casa onde tinha passado sua infância; estava aproveitando aquele instante sem pensar mal de ninguém, aliás, sem pensar em nada.

Não há dúvida, os homens são infinitamente menos complicados do que nós em seus relacionamentos com as outras gerações. Quando eles gostam de verdade, não ficam questionando tudo. Para que estragar os melhores momentos com maus pensamentos? Quando não gostam, também não ficam à espreita de olhares dissimulados. De que serviria envenenar relações já bastante tensas? Os sogros são em sua maioria mais fáceis de levar do que as sogras; eles se metem muito menos no que não é de sua conta.

## Quando o interesse profissional está em jogo

Um caso exemplar em que os contatos entre os homens de um mesmo clã podem ser mais complicados e às vezes até mesmo geradores de conflitos: o pai e o filho ou o sogro e o genro que trabalham juntos. Apesar das escolhas e realizações profissionais serem cada vez mais uma opção pessoal, ainda existem profissões onde se espera que um membro da família assegure a sucessão. Alguns exemplos: fazendeiros, viticultores, pequenos comerciantes, advogados, farmacêuticos, profissionais liberais etc. Aliás, sempre vimos a passagem do poder de grandes donos de empresa a um de seus filhos, mesmo quando eles não detêm a maior parte do capital.

Nas famílias com filhos e filhas, é tradicionalmente o filho – se possível o mais velho – que é escolhido e formado para corresponder a essa expectativa do pai. Na falta de filho homem, um genro pode eventualmente servir, com a condição de que uma das filhas aceite escolher um parceiro cujo perfil corresponda muito bem à idéia que seu pai tem de seu sucessor.

Antigamente, esse tipo de união era corrente; os pais tinham oficialmente direito de escolher os cônjuges de suas filhas. Na nossa sociedade, em que o casal se forma em função de laços afetivos e não apenas por interesses comuns, a estratégia é mais sutil. A procura muitas vezes é orientada pelos pais sem que a filha se dê conta. Os primeiros contatos são facilitados socialmente; contratar o "genro dos sonhos", sair à noite com amigos comuns, passar férias num lugar onde todos se encontrem por acaso etc.

Mas o amor nem sempre acontece, o coração e o desejo não se submetem tão facilmente à lógica do patrimônio. Quando seus planos secretos não têm o final feliz esperado, os pais nem por isso ficam zangados com a filha. Já que a idéia de que ela se case sem amor não é "politicamente correta", um bom pai não pode expressá-la abertamente. Em contrapartida, ele pode continuar suas pesquisas ou contar com a sorte de cair do céu o "marido sonhado", por quem ela, desta vez, terá o bom gosto de se apaixonar. Ele fará tudo para oficializar a união, oferecerá aos pombinhos, se eles assim o permitirem, o vestido de noiva, a cerimônia, a recepção e até uma curta viagem de lua-de-mel.[3]

Se não tivesse observado ao longo de minha pesquisa muitos casos desse tipo, nem teria tido a idéia de falar sobre os sogros. Eu imaginava que esses casamentos "arranjados" não aconteciam mais. No entanto, segundo as sogras, a associação profissional serviu muitas vezes como explicação para a boa integração de um jovem casal, e também, ao contrário, para os conflitos irreparáveis entre os pais e os "ex". Conflitos de interesses particularmente difíceis de resolver e de digerir.

Nos casos de os jovens se ocuparem das fazendas, dos cartórios ou dos consultórios médicos, as separações ou os divórcios são extremamente complicados para os sogros. Perder um genro é triste; perder um sucessor em potencial, uma catástrofe. Depois de tentar tudo para que as coisas se resolvessem, o pai procura manter uma relação bastante próxima com o ex de sua filha para evitar a intervenção dos tribunais no ajuste de contas. É esse, também, um pouco o caso dos contatos amigá-

---

3 A viagem de lua-de-mel está cada vez mais curta. Atualmente é muito raro que sirva à iniciação sexual do jovem casal, que já avançou o sinal há muito tempo. Sua função tradicional não tendo mais razão de ser serve como oportunidade de férias a dois. Mas isso também já aconteceu antes da oficialização da união. Os jovens profissionais muitas vezes preferem guardar esses dias para prolongar férias: esporte de inverno, férias de verão ou uma viagem ao exterior! Enfim, não é comum ir em viagem de lua-de-mel com uma criança; ora, mais da metade dos casamentos são celebrados na presença de um primeiro filho...

veis que as sogras continuam a ter com suas ex-noras para resolver, sem intervenção jurídica, as idas e vindas de uma criança amada por todos. Essas relações que as mulheres conservam por amor às crianças, os homens o fazem por razões profissionais.

## Cuidado com os enteados

Para encerrar este capítulo em que se fala dos sogros, queremos observar que os segundos maridos de mamãe são geralmente muito discretos no que diz respeito a suas noras e genros postiços. Seja qual for o afeto que tenham pelos enteados que ajudaram, em parte, a criar, não querem interferir nas suas escolhas amorosas, nem em suas vidas privadas quando estes se tornam adultos. Eles se contentam em ouvir as preocupações e alegrias de sua mulher, sendo, aliás, esse papel de confidente difícil de exercer na calma e na imparcialidade.

Tenham piedade dos homens! Às vezes os tiramos do sério com nossas queixas e recriminações de nossas noras e genros que não são, necessariamente, os deles. É preferível deixá-los fora de nossos antagonismos e fazer um esforço para falar disso calmamente com o pai de nossos filhos – se é que isso lhe interessa.

Não devemos nos intrometer também em seus desentendimentos com os filhos que tiveram antes de nós. Se pedirem nossa opinião, nada de respostas categóricas; se solicitarem um conselho, nada de opinião radical! Eles poderiam retransmitir essas conversas na sua íntegra, sem nuances nem diplomacia. Em vez de melhorar a situação paterna de nosso "desastrado", correríamos o risco de "estragar" nossos contatos com esses jovens casais que já não nos aceitam muito como a sogra suplementar... Eles já têm duas, e basta!

# VIII

## O difícil aprendizado da solidão

*No dia do enterro do meu marido, meu filho mais velho me amparou para sair da igreja. Senti nesse gesto uma ternura que ele só expressa muito raramente.*

Essa reflexão de Colette ainda ecoa em minha memória. Ela parecia muito emocionada, relembrando aquele momento. Sua voz revelava uma profunda gratidão por um gesto que, afinal de contas, era muito natural. Dez anos depois, a carga emocional dessa lembrança provava quanto, a partir desse dia, ela tinha sofrido com sua solidão de viúva. Com três filhos, suas três mulheres e sete netos, ela nunca poderia imaginar que sua viuvez seria vivida assim, num isolamento quase total:

*O pai deles morreu de câncer. Durante os longos meses de sua doença, eles estiveram presentes ao nosso lado. Como não sei dirigir, eles se revezavam para me acompanhar ao hospital. O filho que mora na Bretanha vinha quase todos os sábados visitá-lo aqui na*

*região parisiense. Todos os três estavam à sua cabeceira quando ele faleceu.*
*Durante a primeira semana, eles ficaram comigo, me ajudaram a resolver os problemas, mas depois todos foram embora. Será que eles estavam fugindo do contato com a tristeza e a infelicidade? Será que queriam que o período de luto passasse o mais rápido possível? Será que estavam evitando prolongar indefinidamente uma atmosfera um pouco macabra? Ou – hipótese mais plausível, segundo Colette – eles estavam se afastando logo para não dar início a um mecanismo de presença sistemático junto a mim, ou, melhor dizendo, junto à sogra de suas mulheres?*

## As filhas e sua mãe solitária

Em cada dez sogras sem marido, oito me confiaram essa impressão de serem mantidas a distância quando se viram sozinhas. São poucas as sogras que ainda têm filhos em idade de morar com elas quando a desgraça acontece. É evidente, nesse último caso, que a situação é totalmente diferente: o fardo da responsabilidade é bem mais pesado para carregar do que o sentimento de solidão... Vamos tratar aqui das mães destinadas a morarem sozinhas.

Sejam elas divorciadas, sejam elas viúvas, a atitude dos filhos adultos é quase idêntica. Entretanto, são os filhos e suas parceiras que mais se afastam, e são as filhas que se comportam com mais compaixão.

Quando a filha vive com alguém, está simplesmente fora de cogitação acolher a mãe em sua casa: o genro, gentil, mas firmemente, rejeita a idéia de integrar a sogra no seu dia-a-dia. Além disso, ele argumenta que a mãe dele está igualmente sozinha e que não vê nenhuma razão para não acolhê-la também:

*Você já pensou o que seria agüentar nossas duas mães todas as noites na hora do jantar? Vamos visitar sua mãe mais vezes, mas é preferível que ela continue a manter sua autonomia.*

Única concessão possível: sugerir à sogra que renuncie à sua casa, grande e isolada demais para uma senhora sozinha, e encorajá-la a se mudar para um lugar menor e principalmente mais perto de sua filha e de seus netos.

Já a filha, que é chefe de família, se mostra muito mais próxima e atenciosa. A ajuda mútua dessas duas mulheres pode então beneficiar muito os netos: a mãe sai para trabalhar, tornando-se o pilar das três gerações; a avó faz o papel de babá em tempo integral com muita competência; mesmo sentindo falta do modelo paterno, as crianças gostam que tenha sempre alguém em casa. É comum se ouvir falar dessas coabitações mãe/filha que podem durar dezenas de anos, até a morte da avó.

Financeiramente, esses arranjos entre mulheres representam uma considerável economia. Psicologicamente, eles afastam o pavor da solidão. Na prática, simplificam a vida cotidiana da geração sanduíche imprensada entre seus deveres de assistência a seus filhos pequenos e a seus velhos pais. No entanto, ninguém pode afirmar se essa presença da avó materna em casa tira das filhas ainda jovens a oportunidade de encontrar alguém.

Cuidado: é preciso pensar bem antes de hospedar para sempre a mamãe solitária ou aceitar ir morar na casa dela – o que dá no mesmo. Nunca mais será possível deixá-la sozinha. A menos que se possa oferecer-lhe uma solução do tipo apart-hotel, ou, então, mandá-la para uma casa de repouso ou asilo. Neste último caso, prepare-se para ficar com a consciência pesada!

## O DISTANCIAMENTO DOS FILHOS HOMENS

A idéia de ir morar com um filho homem nem passa pela cabeça da sogra,[1] a não ser em alguns raros casos, em famílias de fazendeiros, em que o filho e a nora já moravam na fazenda antes da morte do pai. As outras sogras já se convenceram, logo de saída, que suas noras não têm nenhuma razão de integrá-las em sua família. Elas não desejam, realmente, abrigar a velha senhora na casa delas, e acho que estão com toda a razão. Essa coabitação de três gerações, freqüente nas grandes propriedades rurais de antigamente, traz problemas intoleráveis de promiscuidade nos pequenos apartamentos de hoje. A presença constante da mãe junto ao seu filho pode modificar o relacionamento do casal e provocar conflitos entre os três envolvidos.

Entretanto, uma vez eliminada a idéia de uma vida em comum, as sogras ficam muito ressentidas e têm a impressão de terem sido postas de lado. Elas desconfiam de que as noras limitam, deliberadamente, os convites, as visitas e as férias em comum para não se deixar invadir por "sua mãe", que nos primeiros anos não suporta a idéia de ficar só. Completamente sozinha, sem um ruído familiar quando volta para casa, sem ninguém com quem falar, nem que seja para brigar.

Enquanto estava casada, a sogra ficava muito absorvida pelas tarefas diárias; é preciso estar sempre presente e ter muita paciência com um marido nem sempre fácil de conviver quando envelhece e ainda mais exigente quando adoece. Viúva ou divorciada, a sogra se encontra disponível, dona absoluta de seu tempo livre. Ela imagina poder aproveitar para dar uma ajuda, fazer os pratos prediletos e conversar mais tempo com sua fa-

---

[1] Talvez na Itália e na China, de modo algum na França e na Inglaterra.

mília. Está redondamente enganada: nem o fato de oferecer ajuda, nem sua vontade de participar, ainda, de uma vida social por intermédio dos seus filhos não lhe garantem maior aproximação. Muito pelo contrário, muitas vezes me disseram que o filho e sua turminha parecem se afastar mais ainda do que o faziam no tempo em que, com o pai presente, os dois casais podiam se tratar de igual para igual.

De fato, a ruptura do casal de pais marca muitas vezes o fim da família de origem. Daí em diante, cada jovem casal vai viver sua vida. Cada um organiza seu tempo a seu modo, sem se preocupar se seus irmãos ou irmãs vêm ver ou não sua mãe – agora sozinha por força das circunstâncias –, se cuidam dela ou não, se lhe telefonam ou não. O que torna muitas vezes difícil para a sogra administrar as relações, ora solicitada por todos, ora esquecida por longos períodos de tempo.

Passei por essa experiência com meus quatro filhos. Quando jovem, eu pensava que com quatro filhos casados e quatro domingos por mês, eu, mais tarde, nunca sentiria o tédio dos domingos, o que sempre me apavorou. Bastaria que aceitassem se revezar uma vez por mês para passar uma parte do domingo comigo. Eu os receberia ou eles me convidariam, daria no mesmo. Um domingo por mês me parecia um compromisso mais do que razoável para uns e para outros. Assim eu imaginava escapar da melancolia das tardes de inverno dos domingos quando por volta das seis ou sete horas, sem poder sair sozinha para ir ao cinema, me veria condenada a ter que escolher entre a enésima retransmissão de um filme de James Bond na tevê e um documentário alemão sobre o Egito pré-faraônico num dos canais de TV a cabo.

Esse sonho de domingos alternados era uma utopia. Evidentemente, não sou o único objeto de preocupação de meus filhos; cada um deles tem duas famílias para agradar, amigos para encontrar e principalmente vontade de passar esse dia tranqüilamente com sua mulher e seus filhos. Resultado: às vezes tenho três convites para um mesmo fim de semana, mas passo um ou dois meses sem que nenhum deles me proponha um programa nesse dia. A vida não é mais a mesma quando não somos mais o centro das atenções, dos convites ou dos encontros com aqueles que amamos.

Há momentos e fases na vida em que a amizade é uma fonte mais segura e regular de cumplicidade do que a família, principalmente a mais próxima.[2]

Quando existe uma "casa de família"

A única exceção a essa fragmentação da célula inicial em vários núcleos familiares da segunda geração: a existência de uma autêntica "casa da família" onde mora a avó, muitas vezes onde criou seus próprios filhos e onde recebe seus netos durante as férias. É também, às vezes, a casa onde várias gerações passam os longos meses de verão.

Consciente ou inconscientemente, muitas das minhas entrevistadas, ao se darem conta do tamanho de sua casa ou de seu apartamento, se desculpam, justificando-se: elas nunca quiseram abandonar este ninho onde criaram há trinta ou mais anos seus filhotes. As justificativas são várias. Se são proprietárias há muito tempo, terminaram de pagar as prestações, agora só têm os impostos e as despesas com a manutenção. Se locatárias, moram ali há tanto tempo, que os aluguéis estão inferiores aos atuais.

---

[2] Falaremos mais detalhadamente sobre a importância da amizade no capítulo X.

*Sim, sei que você acha que moro numa casa grande demais para uma senhora sozinha. Meus filhos também vivem me dizendo para me mudar enquanto ainda tenho forças. Dizem que seria muito mais econômico e fisicamente menos cansativo. Eu poderia gastar esse dinheiro para tirar pequenas férias, viajar de vez em quando, contratar uma diarista uma vez por semana para fazer uma boa faxina.Mas nem posso pensar na hipótese de não poder receber todos os netos ao mesmo tempo por falta de camas. Nem mesmo ter que me desfazer da minha mesa grande da sala de jantar por falta de espaço. Gosto tanto de recebê-los todos juntos para almoços de aniversário ou para festas! Esta casa continua sendo um pouco deles. Enquanto eu puder, vou ficar aqui para que tenham vontade de vir, de vez em quando, para recordarem das gargalhadas as lembranças da infância diante dos olhos arregalados dos filhos, que não perdem uma só palavra.*

Nada é mais caro ao coração de uma mãe do que essas sessões de reminiscências entre irmãos em sua presença. Na maioria das vezes, elas ocorrem no ambiente familiar onde todos passaram juntos sua infância. Na França, onde a mobilidade não é uma característica nacional, ainda se encontram muitas dessas "casas da família" carregadas de valor sentimental e de lembranças há duas, três ou mesmo mais gerações.

## O TERRÍVEL DESAPARECIMENTO DOS JOVENS

Já que dedico este capítulo à morte e às suas conseqüências nos relacionamentos familiares, tenho que falar sobre as perdas mais revoltantes, aquelas que fazem desaparecer um membro da segunda ou terceira geração, enquanto a primeira vive ainda com saúde.

O desaparecimento de um avô ou de uma avó é triste, mas não é tão sentido como o de um pai ou uma mãe de família levados na sua plenitude. A tristeza não é de modo algum a mesma quando a morte atinge um adulto em plena atividade, e, ainda pior, quando se trata de criança. Mas as pragas modernas – câncer, ruptura de um aneurisma, acidente de carro – não respeitam a ordem natural da vida, sobretudo no caso dos homens, que arriscam mais deliberadamente a vida do que as mulheres. Quase um quarto das famílias cuja história íntima me foi contada pela sogra tinha a lamentar a perda de um membro da segunda ou terceira geração. Para uma entre quatro mães que durante sua vida vê desaparecer um dos seus filhos ou netos – poderíamos quase dizer um dos seus filhos homens, tanto a mortalidade masculina é mais elevada na primeira metade da vida – é terrível, é desumano!

Com o tempo, a perda de um marido pode ser superada; a morte de um filho, ao contrário, qualquer que seja a sua idade, não é nunca aceita. Ela provoca nas mães tal sentimento de impotência, que elas passam a odiar para sempre o destino por esse erro de geração:

*Por que ele e não eu? Eu deveria ir primeiro, não é justo!*

Um dia, Françoise, uma de minhas amigas, chegou transtornada a um encontro que havíamos marcado. Ela estava vindo do enterro de um homem ainda jovem, morto aos quarenta anos em um acidente de carro:

*Na saída da igreja, todos rodeavam a mulher e os filhos dele para consolá-los. De repente vejo num canto uma senhora baixinha e magra que eu não conhecia, mas que se parecia incrivelmente com meu falecido amigo. Era, realmente, sua mãe. Ela chorava em si-*

*lêncio, por trás dos óculos escuros. Eu me aproximei, ela parecia tão infeliz que simplesmente lhe dei um abraço e não tive coragem de lhe dizer nada. Achei a situação tão injusta! Claro que a mulher e os filhos tiveram uma perda terrível, mas a mãe... Ela nunca vai se recuperar da perda do seu filho.*

Única maneira para a sogra esquecer por um momento sua tristeza: ajudar com todas as suas forças o cônjuge do filho perdido ou os pais da criança que morreu. Deveríamos poder, nessas circunstâncias, encontrar as palavras certas e construir com a pobre nora, agora também viúva, uma intimidade preciosa para as três gerações. É quase o mesmo que acontece com as ex-noras: a presença das crianças, tão queridas por uma quanto por outra, pode criar por longo tempo um terreno de entendimento. Na ausência do pai, os avós assumem um valor simbólico insubstituível. Como testemunhas da vida dos pais, eles podem lhes transmitir suas lembranças; são os únicos que poderão contar para a criança: *"Quando seu pai era pequeno..."*. Geralmente a mãe delas favorece essa transmissão.

A LEI GARANTE OS DIREITOS DOS AVÓS

Infelizmente, às vezes, as coisas ficam difíceis. Os avós se vêem rejeitados, privados do direito de ver os netos. Soma-se então à dor do desaparecimento do seu filho a perda de contato com os netos. Identifiquei dois ou três casos desse tipo entre as avós que encontrei. O golpe é terrível, a incompreensão absoluta. Por que querem lhes retirar os direitos de avós? Duas razões mais comuns me foram citadas:

– os problemas de herança[3] mal resolvidos por ambas as partes;

– o jovem cônjuge – viúvo ou viúva – quer refazer sua vida sem "testemunhas constrangedoras" de seu passado.

A princípio o Código Civil garante o direito de visita dos avós que podem, em caso de impedimento ao exercício desse direito, fazer um requerimento ao juiz da vara de família por intermédio de um advogado.[4] A justiça considera que os avós são necessários ao equilíbrio da criança e que os pais não têm nenhum direito de romper totalmente, por sua própria iniciativa, esse vínculo afetivo.

De fato, não há nada pior do que fazer esse tipo de requerimento; e, ainda por cima, mesmo que o juiz decida a favor dos avós, a atmosfera dessas "visitas" legais será muito desagradável. Às vezes, o pai que detém a guarda não executará a sentença e será necessário recorrer a um oficial de justiça para fazer cumprir a ordem. Podemos imaginar quanto essas intervenções podem ser desagradáveis para os netos quando ocorrem em sua presença. Um pouco como no caso de divórcios que se passam em um clima de briga e de vingança, servindo as crianças, então, como reféns dos ressentimentos dos adultos.

Após ter ouvido as histórias desses conflitos e de todos os golpes baixos que essa luta provoca, penso que, se um dia tivesse que me confrontar com tal situação, preferiria renunciar a meus direitos a ter que recorrer à Justiça. Depois de ter feito o

---

[3] Os avós não são sempre generosos, e podem também ser mesquinhos ou interesseiros. Algumas vezes pensam mais em garantir o futuro de seus netos do que assegurar o nível de vida adequado à sua mãe.

[4] No Código Civil francês, artigo 371, linha 4: "salvo motivos graves, é proibido fazer obstáculo às relações entre avós e seus netos".

impossível para manter os laços, ainda que tênues, e ter feito todas as concessões, só me restaria esperar que meus netos, ao crescerem, decidam, espontaneamente, reatar nossas relações. Isso ocorre com mais freqüência do que se imagina, pois cada um de nós tem, no fundo, a necessidade de reencontrar suas raízes, os que compartilharam sua infância, os responsáveis pela sua origem.

Esse "afastamento" dos netos, provocado por um dos pais, constitui uma causa de sofrimento revoltante para os avós, ainda mais que esse rompimento ocorre, muitas vezes, após um drama ou um luto familiar. Avós que se sentem vítimas disso – não importa quem esteja errado – não sabem mais a quem recorrer para aliviar seu sofrimento. Na EGPE encontrei muitos que vieram participar das reuniões de grupo para falar da sua dor, partilhá-la, buscar conforto, trocando com outras pessoas palavras de solidariedade. Em muitas cidades, existem grupos de ajuda que rompem esse isolamento no desespero, assim como serviços de atendimento por telefone, que permitem àqueles que preferem ficar no anonimato a expressar sua angústia.

Insisto nessa comunicação indispensável com pessoas estranhas à família em caso de crises graves. Por causa disso, os anglo-saxões, principalmente os americanos, organizam reuniões entre aqueles e aquelas que passam pelas mesmas experiências dolorosas: alcoólatras anônimos, aidéticos, vítimas de câncer, pais de drogados ou de anoréxicos – eles se ajudam uns aos outros, se compreendem, se confortam porque enfrentaram ou enfrentam as mesmas dificuldades. Não há nenhuma razão para que os avós abandonados, as sogras negligenciadas ou os avós solitários fiquem fechados em seu sofrimento sem procurar se abrir com outra pessoa, nem que seja por telefone.

Quando parece impossível ou inútil mudar os outros, só resta uma solução: mudar a si próprio, modificar sua própria maneira de ser e agir. No caso presente, há uma série de princípios a serem adotados se quisermos ser uma sogra perfeita, e uma porção de boas resoluções a serem postas em prática, se preferirmos nos assumir como sogras "zen".

Cabe a vocês escolherem uma ou outra atitude, lendo os dois próximos capítulos.

# IX

## Os mandamentos da sogra perfeita

Perfeita, nenhuma é. E por acaso você não tem vontade de ser uma sogra para ninguém botar defeito? Isso implica muitas virtudes e atenções. Você deve ter um temperamento pacífico que a leve a evitar brigas, ser do tipo que prefere dar a receber. Enfim, seu amor materno lhe proporcionou tantos bons momentos que você quer prolongar por mais tempo possível esse prazer incomparável: sentir seus filhos felizes à sua volta.

É exatamente isso, uma sogra "perfeita": aquela que pensa mais na felicidade dos seus filhos (e, por conseqüência, de seu genro ou de sua nora, personagens indispensáveis ao equilíbrio dos relacionamentos com seu filho ou sua filha) do que em seus próprios desejos ou realizações. Muito ao contrário do "Eu primeiro" tão caro às jovens mulheres "liberadas" de hoje; muito mais para o "eles primeiro" das mães "dedicadas" de antigamente. Aquelas a quem se ensinava a infinita satisfação de só se realizarem por intermédio dos filhos e do marido.

Confesso que, pessoalmente, este não é o meu caso.

Mas, se é o seu, eis algumas regras que podem ajudá-la a tentar atingir a perfeição em sua vida de sogra. Mas não as aplique ao pé da letra, você correria o risco de perder toda a espontaneidade nas relações com os parentes afins. Em compensação, se puser em prática algumas delas, perceberá que será recebida com largos sorrisos.

- **Não tenha ilusões quando o começo é maravilhoso**

São os futuros genros e noras que ficam mais apreensivos por ocasião dos primeiros encontros. Eles querem lhe dar uma boa impressão, fazem de tudo para parecer os companheiros ideais de seus maravilhosos filhos. Não abra mão desse prazer e aproveite esse período em que querem seduzi-la para descobrir e apreciar o lado bom dos recém-chegados! Mas não tenha muitas ilusões, não espere que essa cordialidade dure para sempre. Assim que passar esse período de encantamento, e que o casamento, e, ainda mais, a chegada de um bebê confrontá-los com a realidade da vida em comum, seus centros de interesse vão mudar. Você não terá mais essa importância primordial que justificava tantos esforços da parte deles. Suas prioridades vão se inverter: a partir desse momento caberá a você se fazer aceitar pela "família" que eles estão formando, terá que se mostrar mais sorridente, mais amável, deverá esperar seus telefonemas e refrear a vontade de encontrá-los a seu bel-prazer.

Se eles a vêem com menos freqüência do que você gostaria, não conclua: *"Eles não gostam mais de mim..."*. Aceite que você, certamente, continua sendo uma das pessoas que eles amam, mas que não conseguem atender a todas as solicitações que lhes são feitas.

• **Refreie sua espontaneidade, fique atenta**
Seu primeiro reflexo, os pensamentos que passam pela sua cabeça, a vontade que tem de dizer certas verdades, os abraços efusivos, todas essas reações espontâneas de mãe de família que você se permitia quando eles ainda eram pequenos não são mais convenientes. Não, eles não querem ouvir tudo, não querem compreender tudo que você diz, não querem se sentir sempre observados por você, ainda que suas intenções sejam as melhores do mundo. Os jovens preferem conversar entre si para formar opiniões a partir de sua reflexão em comum. Eles querem tomar suas próprias decisões sem, necessariamente, terem sido influenciados por opiniões ou conselhos dados por você.

Nem por isso se trata de ficar paranóica e na defensiva em todas as circunstâncias. Se sua preocupação de sogra consiste em ficar atenta para não ultrapassar os limites da intimidade deles, isso não significa se desinteressar pelo dia-a-dia deles, nem se sentir alvo de seus silêncios ou de sua discrição. A maioria dos jovens casais se mantém um pouco reservados em relação às suas famílias quando estão vivendo a apaixonante mas difícil experiência da vida a dois.

 • **Tente, discretamente, saber mais sobre a infância deles**
O passado deles pode explicar muitas coisas que parecem incompreensíveis a você ou mesmo desagradáveis à primeira vista. Em todas as relações humanas, saber permite compreender, e compreender ajuda a aceitar o jeito de ser da pessoa que está à nossa frente.

Com relação à sua nora, por exemplo, constatamos muitas vezes ao longo deste livro que o comportamento dos pais quando ela era pequena é um dado determinante de suas relações futuras. Se durante sua infância ou juventude o relacionamento de uma filha com a própria mãe foi sempre terno, confiante, muito satisfatório, sua nora não "precisa" tanto de você. Mesmo que você demonstre considerá-la como "mais uma filha", ela mesma nunca se sentirá como tal. Ao contrário, se a "coitadinha" tiver perdido a mãe muito nova, você não compensará integralmente uma perda tão irreparável, mas poderá assumir junto a ela essa presença feminina forte que tanta falta lhe fez no início da vida.

Muitas atitudes que parecem ser dirigidas contra você são, em realidade, determinadas pela história pessoal de sua nora no seio da família DELA. Há dois pontos particularmente sensíveis no cotidiano: a cozinha e o penteado, setores sobre os quais as mães têm idéias fixas que ficaram martelando dezenas – para não dizer – centenas de vezes, para o desespero de sua filha.

Conversando na cozinha onde as duas estão preparando o jantar, você diz inocentemente: *"Que engraçado, você tempera seu assado com alho?"*. Essa observação que não implica nenhuma crítica de sua parte deixa sua nora de cara amarrada, como se você a repreendesse severamente. De fato, a mamãe dela sempre desaprovou a mania de colocar alho em tudo quando cozinha e a cara feia é para ela e não para você.

É igualmente imprevisível quando se trata do penteado. Basta um elogio, *"Você cortou os cabelos... Eu gosto deles assim curtinhos..."*, para causar um desagrado totalmente injustificado a seus olhos, já que você só queria ser amável. Para sua nora, a briga com a mãe sobre o tema cabelos longos/curtos dura há pelo menos 25 anos e ela não suporta o menor comentário sobre isso. São SEUS cabelos e, agora que já é adulta, faz deles o que quer.

Quando surge um problema entre vocês duas, não se pergunte sistematicamente *"O que é que eu fiz?"* mas, sim, *"O que aconteceu ou está acontecendo na vida dela?"*.

É evidente que não é só o que se passou há muito tempo ou mais recentemente que se reflete no humor do dia; o presente também, e você não conhece o dia-a-dia do casal. Se ficam emburrados no almoço de família, não fique melindrada; quem sabe tenham tido uma briga no carro ou acabaram de receber o carnê do imposto e não guardaram dinheiro suficiente para pagar. Outra hipótese: ou um ou outro tem preocupações profissionais e ainda não digeriu ter sido chamado à atenção por seu chefe por alguma coisa à toa.

Em outras palavras, antes de se deixar levar pelo seu delírio de perseguição preferido, *"meus filhos não gostam mais de mim..."*, tente saber, para compreender e ter uma chance de aceitar, que esse domingo não estará na lista dos melhores momentos do ano!

Mas, principalmente, evite perguntas indiscretas a outros membros da família para descobrir o passado de seus genros ou noras. Nada de perguntas insistentes que poderiam dar a sensação de que está fazendo uma verdadeira investigação de detetive particular sobre os atos e gestos, hábitos e opiniões. Contente-se em deixá-los falar quando tiverem vontade, saiba ouvir quando eles falam espontaneamente sobre passagens da sua infância e lembre-se desse passado quando ficar contrariada com o presente.

- **Ressalte o positivo, guarde o negativo para você**

Já tem mais de vinte e, às vezes, trinta anos que os companheiros e companheiras de seus filhos estão no mundo; não vão mudar seu gênio ou seus hábitos porque agora você faz parte da nova família deles. Aliás, ponha bem na sua cabeça: seus filhos gostam deles pelo que eles são, e certamente não pelo que você desejaria que eles fossem. Inútil, portanto, se empenhar em fazer observações sobre seu comportamento, a não ser para fazer elogios e insistir nos pontos positivos que lhe agradam. Com lentes cor-de-rosa, sempre se encontra um lado bom.

Quando for convidada para ir à casa deles, se achar a comida muito bem-feita, diga isso em alto e bom som. Insista com humor: seu filho e sua filha vão ter dificuldade para manter a linha com um chef de cozinha tão refinado! Não tenha medo de exagerar; nunca vão lhe querer mal por ser amável demais. Em compensação, se a comida for realmente intragável, não finja que o que está no seu prato é delicioso: a cozinheira ou o cozinheiro sabem tão bem quanto você que o arroz está empapado e o assado cozido demais. Seus elogios injustificados seriam considerados como bajulação e até mesmo como uma ironia. Não diga nada ou quase nada e assim você vai preservar sua credibilidade.

Talvez você ache que insisto muito sobre as relações culinárias entre sogra e nora. Segundo minha experiência pessoal e as histórias recolhidas ao longo de minha pesquisa, estou realmente convencida de que a tradição alimentar desempenha um papel muito importante na cultura familiar. Aquilo que comemos e o modo como o preparamos, para o almoço e para o jantar, é objeto de preocupação na vida de muitas pessoas mais velhas, que gostariam de transmitir suas receitas e seu *savoir-faire*. No entanto, muitos jovens resolveram mudar completamente as antigas regras referentes aos hábitos alimentares; aceitam muito mais do que nós levar os filhos ao McDonald's e não respeitam mais horários de refeições, cada um comendo qualquer coisa na hora em que puder. Um pacote de batatas fritas, dois iogurtes, três biscoitos e um picolé do supermercado podem constituir uma "refeição" para essa segunda geração. Para a nossa, nunca!

Daí, essas reflexões críticas, mas nem por isso maldosas, do tipo "é para o bem deles" os horrorizarem tanto: *"Você não está comendo direito... cuidado com a saúde!"*; *"Por que comer todas essas porcarias?... cuidado com a saúde das crianças"*; *"Depois você se espanta quando engorda... já reparou o que está comendo?"*; *"Não é assim tão complicado preparar uma comida leve e gostosa..."* – subentendido: como a minha! Mesmo que você tenha razão, do ponto de vista dietético, e, principalmente, se você se orgulha de suas competências gastronômicas, espere que lhe peçam sua maravilhosa receita de bolo de chocolate antes de se propor a lhes ensinar como acertar suas obras-primas. Afinal, vale a pena guardar exclusivamente para si essa maneira de satisfazer a gula deles; isso aumenta seu prestígio. Sempre estará em tempo de passar o bastão quando você não tiver mais força nem vontade para fazer essas coisas gostosas.

- **Evite falar de uns com os outros**

Nunca encarregue seu filho de transmitir seus comentários à mulher dele. Se não tiver coragem de falar cara-a-cara com a sua nora, por temer sua reação, como imaginar que o marido apaixonado poderá fazê-lo com delicadeza e diplomacia, ainda mais correndo o risco de ouvir coisas desagradáveis que não lhe eram diretamente destinadas?

Lembre-se a que ponto o *"mamãe mandou dizer..."* do seu marido a irritava quando eram recém-casados. É exatamente a mesma irritação que sua nora pode sentir, e bem pior! Hoje em dia não lhe dão mais nenhum direito de interferir na vida deles, nem um poder específico para sugerir a seu filho que obrigue sua parceira a se comportar segundo seus critérios. Até os anos 70 do século passado, ainda sobrava um pouquinho de autoridade para as sogras, uma vaga possibilidade de influenciar os modos de vida dos casais formados por seus filhos. Agora isso acabou, está completamente obsoleto. Você fez parte da primeira geração das "inovadoras"; logo não vai recriminar as jovens mulheres de hoje por estarem colhendo os frutos das árvores da liberdade que você mesma plantou!

Ainda no capítulo da discrição salvadora: nunca diga à sua nora que o marido dela está com a fisionomia cansada ou que você está preocupada com o nervosismo dele. Ela pode interpretar sua preocupação como uma crítica. Aborde o problema da saúde do seu filho diretamente com ele; ele verá na sua atitude uma prova de amor e de interesse.

Enfim, e sobretudo, não tome partido quando eles se desentenderem. Deixe que lhe contem suas discussões e suas brigas, mas não emita julgamentos sobre quem tem ou não tem razão, principalmente na ausência de um deles. Depois da tempestade, eles acabarão contando um ao outro o que você lhes tinha dito no período de crise e se reconciliarão e você é que ficará malvista.

Mesmo que você pressinta uma catástrofe despontando no horizonte do casal, deixe-os tomar as medidas necessárias: não se intrometa, dê-lhes um tempo... Sua função consiste em apoiá-los, seja dizendo *"Você sabe, a vida é assim mesmo, nunca se sabe como as coisas vão acontecer..."*, ou seja, se você estiver convencida de que uma separação é iminente, amenizando sua angústia: *"Não se preocupe além da conta; aconteça o que acontecer, estaremos sempre a seu lado para ajudar a atravessar esse período de crise..."*.

- **Não faça muitas perguntas**

Somos todas curiosas inveteradas; adoraríamos ser uma mosquinha, testemunhas presentes mas invisíveis de tudo o que acontece com nossos filhos. Tanto assim que não resistimos ao prazer de fazer mil e uma perguntas, mesmo sabendo muito bem que, na verdade, eles têm horror a essa curiosidade.

Eles nos contam: fizemos um jantar delicioso, ontem à noite, para alguns amigos e bebemos um pouco além da conta um vinho muito bom..." Imediatamente queremos saber mais: *"Quem eram os amigos? O que vocês comeram? Qual o nome do vinho? A que horas vocês foram dormir?"* Eu sou a primeira a me recriminar por esses interrogatórios sistemáticos; sei que isso os irrita, e, apesar de tudo, nem sempre consigo me segurar: *"Onde vão passar as férias? Quanto isso vai custar? Com quem foram ao cinema na semana passada? Ver que filme? Gostaram? Como está indo o trabalho? Por que não vão dormir mais cedo, já que vocês se queixam de estar sempre com sono?"* A lista de todas essas perguntas que fazem cócegas na língua é longa demais para dar aqui, mas tenho certeza de que você sabe muito bem do que estou falando.

- **Admita que, às vezes, não dá para entender**

Como é possível? Sua filha, tão vaidosa e tão cuidada quando morava com você, desde que foi viver com esse seu companheiro bicho-do-mato está pouco ligando para a sua aparência! Ela vive de jeans, não se pinta mais, faz uma trança para não ter que cuidar dos seus lindos cabelos cacheados etc. Você não a reconhece mais, ela era tão bonita... antes! Não dá mesmo para entender o que está acontecendo com ela...

Seu filho, quando jovem e solteiro, ia correr todo domingo de manhã, adorava esportes, a vida ao ar livre, fazer caminhadas e andar de bicicleta. Desde que se casou, ele dorme até tarde todos os fins de semana, não faz mais nenhum exercício físico, está ficando barrigudo. Você não o reconhece mais. Não dá para entender o que está acontecendo com ele...

Não procure uma explicação lógica para essas mudanças. A influência do momento presente, vivido a dois, os transformou. O amor pode fazer milagres: fazer um preguiçoso trabalhar, embelezar os sem-sal, alegrar os melancólicos etc.; mas também pode modificar a maneira de ser de seus filhos de um jeito que não lhe agrada.

É inútil lutar para ressuscitar o passado; ou eles vão, por vontade própria, voltar a seus antigos hábitos que correspondiam à sua verdadeira natureza, ou se sentem à vontade nesse novo personagem e você só vai irritá-los lembrando-lhes a toda hora como você os achava melhor "naquele tempo". Você não está apaixonada por seu genro nem por sua nora, por isso não pode entender. Contente-se em constatar que daqui para a frente é a vida deles, não a sua.

- **Prefira estar mais ausente a estar presente demais**

É uma arte saber se fazer desejada. Muito poucas sogras se dispõem a praticá-la. Em vez de esperarem que reclamem quando estão muito sumidas, a maioria, ao contrário, se queixa de não ver mais vezes filhos e netos.

Lembro-me de uma amiga de quem gosto muito e com quem reclamava ao telefone por nunca ter tempo de almoçar comigo:

*Pare de me criticar, até parece minha mãe... Toda vez que ligo para ela, não perde a chance de me dizer: "Já faz pelo menos um mês que você não aparece!". Essa sua mania de contabilizar nossos encontros dá vontade de sumir.*

Ao ouvir isso, constatei que eu também fazia esse tipo de queixa a meus filhos, depois de calcular, minuciosamente, presenças e ausências – principalmente a respeito de meus netos. Certamente estou errada em lhes pedir demais. Quando eu mesma, sobrecarregada com compromissos diversos, os "esqueço" um pouco, eles são os primeiros a se manifestarem ao fim de uma semana, quinze dias, um mês (dependendo de sua agenda, de carência afetiva, de sua necessidade de ajuda). É tão mais gostoso ouvi-los reclamar: *"E aí, o que você anda fazendo? Você sumiu! Quando é que podemos nos ver?"*. Que satisfação se sentir desejada em vez ficar sempre exigindo atenções! Como me disse uma psicóloga, também mãe de família:

*Quanto menos pedimos aos filhos, maiores as chances de que tenham vontade de dar...*

- **Dê pelo prazer de dar, sem esperar nada em troca**

Sua nora adora os doces da melhor confeitaria da cidade; ao passar em frente da loja, não hesite em lhe comprar dois ou três, especificando que são só para ela – nem para o marido nem para os filhos. Seu genro coleciona isqueiros de publicidade (isso, aliás, irrita sua filha, que não sabe mais onde colocar as centenas de exemplares que ele tem); ao viajar para o exterior (no seu país você correria o risco de comprar uma duplicata), procure em todas as tabacarias para lhe trazer alguns originais.

Esse modo de dar presentes tão personalizados, que, dessa forma não vão interessar nem a seus próprios filhos, nem a seus netos, vai contar pontos a seu favor junto aos genros e noras, que se vêem assim considerados como pessoas realmente especiais.

Se você estiver diante de "viciados em presentear", que, como você, não resistem à alegria de dar pelo simples prazer de agradar, você provocará um fluxo recíproco de pequenas atenções. As mesmas, como diz o provérbio, que mantêm não só a amizade, mas também as boas relações familiares. Se, ao contrário, você ficar decepcionada com o clima de indiferença com que recebem suas amabilidades, se você constatar a falta de reciprocidade, nem por isso desista. Os jovens[1] nem sempre têm

---

[1] Percebo que chamo muitas vezes seus filhos e companheiros/as, cônjuges de "jovens". Isso não significa que minhas observações dizem respeito apenas a quem tem menos de trinta anos, mas que se trata aqui da segunda geração. Nossos filhos são sempre jovens para nós!

meios para gastar em presentinhos; além disso, costumam achar que os presentes devem ser dados pelos pais aos filhos; nem lhes vem à cabeça que o sentido possa ser invertido.

Essa lei do presente em "mão única" prevalece em muitos relacionamentos. Ela explica, por exemplo, por que um dos casais de seus filhos chega para passar vários dias de férias na sua casa de mãos abanando, enquanto você nem pensaria em ir à casa deles sem uma garrafa de bom vinho, um pacote de balas para as crianças, ou mesmo algum objeto para a casa que você, na última visita, percebeu que não tinham e que desejavam.

Ainda, nesse mesmo enfoque, outra coisa desagradável bem freqüente: eles devolvem seu carro, emprestado enquanto o deles estava na oficina, sem uma gota de gasolina, ao passo que você acha mais simpático encher o tanque quando eles colocaram o carro à sua disposição. Eles se permitem, em família, liberdades que não ousariam tomar com seus melhores amigos. Vocês são os "pais": essa justificativa basta para que se comportem com você sem cerimônia. Aliás, ela serve, também, para desculpá-los a seus olhos, já que você sempre se convenceu de que o fluxo da generosidade corre naturalmente para baixo, descendo a escada das gerações, mas que raramente o curso da vida sobe no sentido dos jovens para os mais velhos. Será necessário esperar a velhice para saber se nossos filhos vão ser, por sua vez, solidários.

• **Queixe-se o menos possível**
Se quiser que tenham prazer em vê-la ou ouvi-la, não acrescente as suas preocupações às deles. Seja mais uma sogra alegre do que uma sogra que vive se queixando. Se você estiver realmente sofrendo, seus filhos já estão bem grandinhos para perceber; se eles estiverem mesmo preocupados, serão os primeiros a apoiá-la com seu carinho. Se não se derem conta de

nada, é inútil ficar gemendo para que tenham pena de você: eles já lidam com suas próprias preocupações e não têm a intenção nem os meios para se ocupar com as suas. Resolva sozinha seus problemas, ou peça ajuda a alguém estranho e imparcial – é para isso que existem os banqueiros, os bombeiros, os advogados, os médicos, os mecânicos e os "psis".

Em compensação, ouça com muita atenção e imparcialidade seus pedidos de "Alô, mamãe, sogra, estou dodói!" Se lhe dão a honra de tomá-la por confidente, saiba que se trata de um sinal muito positivo do alto grau de confiança que têm em você.

- **Como avó, respeite as regras de mamãe... e de papai**

Em primeiro lugar, e antes de mais nada, seus netos são responsabilidade dos pais. Você pode ajudar, socorrer, dar pouco ou muito dinheiro, sair com eles, mas não deve de modo algum, quando estão a seus cuidados, "esquecer" ou contrariar as regras que seguem em casa. Mesmo que alguns métodos a irritem, respeite-os! Inclusive os mais absurdos? Sim, sim, mesmo aqueles que lhe pareçam mais extravagantes.

Uma das minhas amigas, que toma conta do seu neto durante as férias da Páscoa, fica encarregada de administrar um tratamento homeopático que consiste em dar, por dia, mais de dez glóbulos, sempre diferentes, distribuídos em quatro vezes. Acompanha um folheto cheio de recomendações. Ela fica muito tentada a suspender por uma semana essa medicação contra o pretenso "nervosismo" do garoto, que não lhe parece precisar de nenhum tratamento de urgência. Mas, conhecendo bem a fé total de sua nora nessa medicina alternativa, ela me explica:

*Se, quando eu entregá-lo à mãe, ela lhe perguntar se ele tomou direitinho seus glóbulos, e ele disser "não", perderei parte da confiança que ela depositou em mim. Isso seria muito ruim para o futuro de minha vida como avó. Então azar, vou contar os comprimidos, tentar não me confundir com os nomes e as cores, e me esforçar para não tocar neles!*

Outros gestos das avós que podem provocar brigas inúteis a respeito de detalhes materiais:

– *Vesti-los com roupa nova* quando voltam para a casa da mãe, depois de passarem um tempo com você. Essa forma de mudar o visual pode ser interpretada como crítica. Se você se apaixonou por um casaco de cor viva, ou por um *jogging* no tamanho certo – geralmente os pais compram um tamanho acima e prolongam seu uso até que fiquem pequenos demais –, se você renovou um estoque de meias furadas ou uma coleção de calcinhas muito apertadas, enfie suas compras na mala, serão consideradas presentes discretos e não uma provocação. Aliás, nada prova que não seja essa a sua intenção!

– *Comprar certos objetos-fetiches* que os pais fazem questão de comprar, eles mesmos, pois são o símbolo de momentos muito especiais entre eles e os seus filhos. Podemos citar alguns em particular: os sapatos de "verdade" quando dão os primeiros passos, o agasalho que vão usar para ir ao colégio de manhã cedo, a mochila e o estojo quando começam a estudar, a roupa de festa para ir a um casamento da família. Caso você for especialmente encarregada dessas compras, procure saber o que a mãe quer – e não espere receber o dinheiro de volta!

– *Impor seu estilo de vida*, criticando os hábitos dos pais. *"Seus pais deixam vocês ficarem acordados até as dez da noite? Na sua idade, isso é uma loucura!"* Com toda certeza, tudo o que você disser será repetido. As crianças adoram desafiar os pais assim, citando você como referência!

– *Fazer despesas que os pais* deverão assumir dali para a frente, sem lhes pedir permissão. Inscrevê-los em aulas de tênis, alugar uma bicicleta pelas duas semanas que passam na sua casa, levá-los à piscina ou ao cinema é uma boa idéia. Contanto que não peça depois o reembolso de "suas" loucuras àqueles que não se sentem de modo algum responsáveis por elas.

– *Dar mil presentes* a todo momento, "estragá-los" no Natal, oferecer brinquedos caros demais que os pais se recusaram a dar, satisfazer seus caprichos em vez de atender às necessidades deles: *"Olha que vestidinho lindo, Daniele vai ficar uma gracinha nele..."*, e pronto, você não resiste e a mamãe da Daniele fica furiosa porque não quer que sua filhinha fique "estragada" demais.

*"Eu lhe peço, vovó, não habitue a menina a receber um presente cada vez que vocês se vêem. Mesmo que ela peça o tempo todo balas e revistinhas, não ceda. As crianças precisam aprender que o amor pode ser desinteressado"*, é o que ela lhe pede.

E ela tem razão.

– *Mandar cortar os cabelos* deles, por iniciativa própria, sem pedir a autorização dos pais. Intrometer-se nesse domínio pode ser um motivo de briga entre mães e avós. Até as cabeleiras desgrenhadas com que chegam das férias não devem ser levadas, sem consentimento prévio, ao cabeleireiro – geralmente a cabeleireira preferida da avó, que morre de vontade de mostrar, em carne e osso, a maravilha de quem tanto falou e mostrou fotos.

Eu cometi todas essas gafes com os primeiros dos meus catorze netos. Desde que evito ultrapassar os limites de minhas atribuições, o clima, com os pais está menos tenso, embora eu sinta que, com as crianças, está menos caloroso.

• **Esqueça o relógio, mas decore as datas do calendário escolar**

A relação que os jovens têm com o tempo muitas vezes não tem absolutamente nada a ver com a nossa. Horários para se levantar, para se deitar, para fazer refeições, passeios, compras, datas de férias escolares ou de suas próprias férias os fazem cair das nuvens cada vez que tocamos no assunto para tentar organizar os dias, semanas ou meses de nosso próprio calendário de avós.

É incrível vê-los negociar tudo o tempo todo.

*Querido(a), quando você quer ir fazer compras? Diga, meu amor, a que horas você quer almoçar? Antes da praia ou depois? Etc.*

Isso significa uma margem de duas horas ou mais para combinar os pontos de encontro entre adultos ou para cuidar das crianças.

Seus filhos não são os únicos a não ter hora certa para nada quando não estão mais sujeitos aos horários de trabalho. Nos fins de semana, nas férias, quando se marca um encontro com eles, é totalmente impossível submetê-los àquilo que nós, os mais velhos, chamamos de horários "normais". Como fazer funcionar uma casa acordando lá pelo meio-dia, dormindo depois do almoço até as cinco da tarde, hora em que se sai para passear sem pensar um só instante que vai ser preciso alimentar toda uma tropa quando todos estiverem morrendo de fome na hora do jantar?

Gisele, a avó que mora na casa da família onde todos se reúnem com prazer nas férias de verão, todos os dias ficava sobrecarregada com as compras e o preparo das refeições para dez, doze ou catorze pessoas que ficavam em sua casa só dormindo e se divertindo. Uma bela manhã, ela resolveu dar um basta nessa escravidão das sogras. Ela vai para a praia e volta lá pela uma e meia e encontra todos famintos. Uma jovem nora pergunta:

*– O que vamos comer no almoço?*
*– O que vocês prepararam, queridinhas – responde Gisele com seu mais lindo sorriso, sentando-se, com um grande copo de suco de frutas na mão, na varanda, onde todos estavam tomando um aperitivo.*

O profundo silêncio que se instalou depois de suas palavras mostrou que tinha "acertado na mosca". Dali em diante ela dispõe de suas manhãs, dia sim, dia não; eles se revezam para ir ao mercado e preparar o almoço em seu lugar. Bom, o jantar continua a seu cargo; também não se pode pedir demais!

Outro método recomendado por uma amiga: procurar se atrasar[2] quando for se encontrar com eles, para observar sua reação.

E, se eles forem definitivamente alérgicos à pontualidade, é inútil ficar à beira de um ataque de nervos quando chegam, todos contentes, trinta ou sessenta minutos depois da hora combinada. Além disso, não vale a pena estragar todo o resto do dia por causa disso.

- **Telefone o mínimo possível e saiba escolher a hora**

Para saber notícias de uma criança doente, dar parabéns a uma ou a outra, combinar a hora de buscar as crianças, pedir uma ajuda na área da informática ou contar um caso que pode interessá-los, procure saber a melhor hora para telefonar. Ou

---

2 Mais difícil do que parece se pertencemos à raça dos "pontuais congênitos".

seja, nunca na hora das refeições,[3] nunca de manhã, quando estão aprontando as crianças para ir para a escola ou quando têm que sair correndo para o escritório depois de tê-las deixado lá, nunca na hora das notícias na televisão, nunca durante um jogo de futebol, nunca aos sábados e domingos pela manhã, nunca depois das 10 da noite etc.

Mas então, quando? É preciso admitir que é raríssimo encontrar a melhor hora. O melhor, nessas condições, é deixar que eles lhe telefonem quando tiverem tempo: você tem horários menos apertados do que uma jovem mãe que trabalha ou do que um jovem pai sobrecarregado! E, além disso, seus filhos, realmente, nunca a incomodam quando telefonam, você fica tão contente em ouvir a voz deles!

• **Dê dinheiro, se puder, mas não empreste, se for muito "certinha"**

Os filhos não entendem que os pais possam lhes cobrar o que lhes devem. Eles aceitam uma recusa, mas não que cobrem o que foi "emprestado". Essa relação com o dinheiro dos pais vem desde quando eram bem jovens; eles sempre devolveram escrupulosamente qualquer quantia que tivessem pedido emprestado a um amigo, mas nem pensam em reembolsar o que pegaram conosco. Por que, sob o pretexto de que são adultos e se sustentam, dariam agora prova de uma honestidade escrupulosa com seus "velhos"? O dinheiro deles é deles; eles fazem segredo do quanto ganham, do que têm, suas despesas, mas esperam que lhes mostremos os extratos de nossa conta para saber quanto podem nos pedir.

---

[3] Regra igualmente difícil a ser posta em prática, já que não se pode saber exatamente em que momento vão se sentar à mesa. (Ver parágrafo anterior.)

Quando você der a um, não deixe de contar aos outros; eles ficariam furiosos por não terem sido informados. A razão é sempre a mesma: seu dinheiro não é totalmente seu, mas um pouco de toda a família; eles admitem que você disponha dele como bem entender, com a condição de serem informados direta e rapidamente! Você corre o risco de provocar reações desagradáveis se ficarem sabendo a notícia por terceiros.

- **Limite ao máximo a convivência, aceite os convites sem se insinuar**

*Quando vou à casa dos meus filhos, não gosto de ficar mais de três ou quatro dias, porque não suporto ser recebida com uma deferência excessiva, de ser tratada como "convidada". Conclusão: sempre tenho a impressão de estar sobrando no mundo deles, enquanto em minha casa eles nunca me incomodam.*

Essa reflexão de Ghislaine, que mora no norte, cujos filhos trabalham no sul e dispõem de um bom quarto de hóspede, me surpreendeu. Entretanto, depois observei muitas vezes esse mesmo tipo de reação.

De fato, Ghislaine externou um sentimento muito comum entre as sogras; ter a sensação de estar sobrando. Aliás, talvez elas estejam mesmo, depois de dois ou três dias, não? Nesse caso, evite ficar mais de uma semana, encurte a temporada para não ficar dois fins de semana seguidos, e, sobretudo, espere que a convidem e não imponha sua presença. Mesmo que você ache que será discretíssima, você não será necessariamente bem-vinda.

Por falar nisso, eis uma história passada na montanha com triplo desdobramento... Uma amiga íntima me confiou a seguinte história:

*Imagine você que eu tinha que levar dois dos meus netos para esquiar nas férias de fevereiro. Eu não sabia muito bem aonde ir. Meu genro e minha filha alugam um chalé na montanha onde costumam ficar com seus quatro filhos. Eu propus, então, com toda a naturalidade, alugar um pequeno apartamento na mesma estação de esqui e ir para lá com os dois primos. Parecia a solução ideal: nós não iríamos interferir na intimidade da família e nem daríamos despesas à minha filha, e, ao mesmo tempo, os seis primos, que se adoram, ficariam felizes em esquiar juntos. Eu estava me achando um gênio! Só que... na manhã seguinte, minha filha me telefonou para dizer, meio sem graça: "Escute, mamãe, eu prefiro que você vá para outro lugar, estamos realmente precisando ficar sozinhos. Temos tão poucas férias com as crianças!".*

Minha amiga me confessou que tinha ficado um pouco magoada e que nem tinha tido coragem de contar a seu marido. Concluí que a filha dela não devia ser nada fácil!

Seis meses depois, outra amiga me conta *grosso modo* a mesma história, a meu ver ainda mais chocante. Ela é co-proprietária de um pequeno sala-e-quarto numa estação de esportes de inverno, que pode usar por duas semanas. Na primeira semana ela leva sua neta; na segunda, é a vez de os pais ficarem com a menina. Naquele ano, ela teve vontade de prolongar sua estada por alguns dias. Encontrou uma charmosa pensão familiar bem pertinho do seu apartamento, reservou um quarto, e foi toda feliz anunciar a "boa-nova", se propondo até a ficar tomando conta da neta quando os jovens pais quisessem esquiar sozinhos. O que você pensa que aconteceu? Exatamente como na história anterior.

Prevenida por essas duas desfeitas às minhas amigas – que, aliás, se dão muito bem com seus casais de filhos – eu não deveria ter cometido o mesmo erro. Entretanto, no ano passado, tive a idéia de ir esquiar uma semana no mesmo lugar que meus filhos e netos. Fazia tanto tempo que não via os meus netos esquiando (os mais velhos no snowboard)! Usei a mesma estratégia do hotelzinho nas proximidades. Mesma causa = mesmos efeitos = mesma decepção de se ver "rejeitada". A bom entendedor, meia palavra basta!

Entenda que eles não querem, realmente, passar certas férias, certos fins de semana, certas noites em sua companhia. Se quiserem, serão os primeiros a lhe dizer e, então, você poderá aceitar sem pensar duas vezes.

• **NUNCA apareça na casa deles sem avisar**

As pequenas "visitas-surpresa" constituem verdadeiras violações de domicílio. Mesmo quando os pais não estiverem em casa e seus netos estiverem sozinhos, peça por telefone autorização para ir dar-lhes um beijinho. Voltando do trabalho à noite, sua nora poderia ficar muito zangada se as crianças lhe dissessem que você tinha passado em SUA casa sem que ela soubesse.

Você não faz essas visitas inesperadas a nenhuma de suas amigas, por que acha que poderia fazer isso em família?

• **Chore às escondidas, sua hipersensibilidade os faz se sentirem culpados**

*"Você não deve fazer a mamãe chorar!"* Esta frase que você cansou de repetir a seus filhos, durante toda a juventude deles, os marcou para sempre. Quando vêem você com lágrimas nos olhos, ou, pior ainda, quando chora de verdade, depois de ouvir um comentário que a magoou, eles se sentem terrivelmente culpados. Essa culpa, na verdade, acaba se voltando contra você: eles logo se convencem de que você está fazendo chantagem emocional, e ficam com raiva pelo mal-estar que estão sentin-

do. Aliás, você corre o risco de deixá-los mais irritados do que com pena; eles logo chegam à conclusão de que "tudo isso é pura encenação".

Quem os convenceu de que as lágrimas eram a arma dos fracos? Você, é claro, quando eles eram pequenos e tentavam fazê-la ceder com seu choro. Você acabou se privando para sempre desse importante recurso para expressar seus sentimentos. Guarde suas lágrimas para mais tarde, elas a aliviarão à noite, quando for dormir, depois de uma briga feia, mas não espere que sintam pena de você por isso.

- **Estoure de vez em quando, para pôr as coisas no devido lugar**

Ser uma sogra perfeita não quer dizer ser uma santa, pronta a se sacrificar no altar da harmonia familiar. Quando seus filhos ultrapassarem, realmente, os limites da indiferença, do egoísmo ou da incorreção, estoure mesmo, dê um berro libertador. Fará muito bem a você expressar seu eu profundo, dando-lhes uma lição. Será também muito positivo para eles. Sua raiva, justificada, lhes mostrará que há limites para o desrespeito. Eles constatarão que sua gentileza habitual não é fraqueza, mas sim uma vontade deliberada de aparar as arestas.

# X

# As decisões de uma sogra zen

Lendo o capítulo anterior, você deve ter pensado que eu sei de cor os mandamentos da sogra perfeita. No entanto esse papel – como se diz no teatro – não corresponde a meu modo de ser. Como há cinqüenta anos sou fã dos progressos de minha condição feminina, essa sogra irrepreensível me faz lembrar aqueles personagens de mães e esposas dedicadas e submissas, impostas como modelo ideal pelos radicais de todos os tipos a fim de obrigar as mulheres a respeitarem suas leis.

Depois de termos progredido tanto em nossas relações com os homens, lutado tanto contra as instituições para sermos reconhecidas livres e iguais a eles, batalhado tanto contra nós mesmas para permitir liberar nossas forças e nossos desejos, por que aceitaríamos, na segunda metade da nossa vida, ser dominadas e frustradas sob a pressão de nossos filhos já adultos? Esse modelo de supersogra exige abnegação e altruísmo demais, duas virtudes que pratico, às vezes, mas em doses homeopáticas.

Procurei, então, um modo mais "zen" de ser sogra. Para isso, assisti na escola de avós europeus a seminários de reflexão sobre a condição de avós, anotei os conselhos daquelas amigas que pareciam mais à vontade do que eu em seus relacionamentos com os filhos casados, ouvi as experiências de minhas entrevistadas mais descontraídas, li livros americanos[1] e franceses sobre sogras e noras, discuti com "psis".

Tirei dessa pesquisa uma conclusão evidente: para atingir uma certa descontração, é melhor se preocupar com sua própria evolução, em vez de ficar se ocupando com a vida dos outros. Vista assim, a estratégia pode parecer muito pessoal, trazendo de fato um resultado benéfico para todos: desmistificar os relacionamentos e multiplicar as ocasiões de se sentir bem consigo mesma, e isso não somente no papel de sogra.

Esse novo clima, muito mais agradável para viver, tanto para os jovens como para nós, se obtém adotando e aplicando uma série de decisões que exigem certo esforço pessoal. Isso implica renunciar a comportamentos milenares ou a alguns princípios inculcados e gravados desde a infância. Ainda não cheguei ao grau máximo de serenidade, não sou uma sogra totalmente "zen" –, longe disso, devem pensar algumas das minhas noras – mas estou progredindo. Se você quiser prosseguir comigo no caminho dessa sabedoria, eis aqui algumas (boas) decisões para serem postas em prática o mais rápido e sinceramente possível:

---

[1] Fiquei surpresa com o conformismo dos comportamentos familiares nos Estados Unidos, onde ainda existe todo tipo de tradições e regras sociais rígidas respeitadas nas relações entre as gerações. Um conformismo social que transparece nitidamente nos filmes de costumes americanos.

• **Conserve sua liberdade se você já a tem; senão, conquiste-a**
Desfaça delicadamente o nó do cordão umbilical de seus filhos, se eles ainda não o fizeram. Essa autonomia interior que lhe permite dizer SIM ou NÃO quando eles pedem alguma coisa pressupõe que você tem a coragem de não fazer todas as suas vontades. Você tinha certa autonomia quando eles eram crianças, você viveu com eles, mas não somente para eles; por que lhe parece tão difícil, agora, provar sua independência? Cabe a você resolver esse enigma e seguir o exemplo dessa lojista, que me surpreendeu ao dizer com uma voz suave mas decidida:

*Uma boa coisa que fiz foi conservar minha liberdade. "Você pode vir, mas não garanto que vou estar aqui, tenho que ir à cidade resolver um problema de impostos." "Ir buscar as crianças na quinta-feira? Ah, não. Sinto muito, faço ginástica todas as quintas, às 5 da tarde, e jurei não faltar." "Domingo para o almoço? Não vai dar, já faz tempo que seu pai e eu tínhamos combinado fazer uma caminhada ecológica."*
*Antigamente, para ter uma oportunidade de estar com os filhos, eu teria desorganizado minha vida e correria o risco de ficar a ver navios quando eles mudassem de idéia e desmarcassem na última hora!*

Parabéns por tanta determinação! Não é fácil resistir aos pedidos quando se tem três filhas e duas noras que moram perto e que trabalham! Como eu não estivesse assim tão decidida a preservar toda a minha liberdade no que se refere a meus "deveres" de avó, descobri um truque: disse para mim mesma que aceitaria reservar sistematicamente o almoço das quartas-feiras com as crianças ou que cederia, aceitando ficar com eles alguns fins de semana, porque ver meus netos me dá um enorme prazer.

Afinal de contas, sou livre para me dar esse tipo de prazer, não é mesmo?

• **Continue em atividade**

Se você ainda exerce uma profissão que lhe agrada e que a mantém num ambiente profissional fora do seu universo de mãe de família, aproveite esses anos em que ainda estiver em atividade para procurar o que fazer depois, quando você tiver todo o seu tempo livre. Pessoalmente, eu estaria inclinada a aconselhá-la a não se aposentar antes do tempo (a não ser que seu trabalho exija grande esforço físico). Como confirmam todas as previsões demográficas, sua vida ainda vai durar muito; a maioria das mulheres do século XXI chegará aos noventa anos ou mais.[2] Ora, você não vai "descansar" e tricotar durante trinta ou quarenta anos, nem contar só com seus filhos, netos e até bisnetos[3] para preencher o último terço de sua existência! Diga para você mesma que eles serão aquele "algo mais" em sua aposentadoria, contanto que sua alegria de viver não dependa somente de seu relacionamento com eles.

Claude Halmos, psicanalista, me sugeriu:

---

2 Costuma-se dizer que a expectativa de vida das mulheres fica entre oitenta a 85 anos. Mas se trata da expectativa quando elas nascem. À medida que os anos passam a expectativa de vida se amplia. Com cinquenta anos, ela seria de mais de 85; com sessenta anos, de quase noventa. Etc.

3 Você terá pouca convivência com seus bisnetos; todos os sociólogos que se interessaram nas relações com a quarta e quinta gerações insistiram nessa perda de contato. Ela se deve à sensação de insegurança dos "velhos" em relação às crianças pequenas; eles já não têm a força de cuidar delas e ficam com medo de levar encontrões. Outra razão provável: o distanciamento dos netos quando se tornam por sua vez pais. Eles já ficam bastante ocupados com os próprios pais que se tornaram avós!

*É preciso ensinar às mulheres a gostar de muitas outras pessoas além de seus filhos. Em primeiro lugar, de seus homens, de suas amigas, de suas vizinhas e de todas as crianças e adultos carentes de amor e de atenção. Se seus filhos já não precisam delas, que saibam que existem em algum lugar – hospitais e associações – uma quantidade de crianças, de idosos, de deficientes, à margem de nossa sociedade, a quem elas podem levar esse excesso de amor que sufoca seus filhos.*

- **Controle sua imaginação afetiva**

É inútil e mesmo prejudicial se colocar no lugar dos filhos adultos e fazer uma relação de todas as atenções e delicadezas que eles/elas poderiam ter para com você. Nada mais decepcionante do que fazer o jogo do tipo *"se eu fosse eles/elas"* eu:

– perguntaria sobre minha saúde, já que sabem que estou com uma forte crise de bronquite;

– me daria um pequeno buquê de flores no dia de sua mudança para uma casa que os ajudei a comprar;

– não teria coragem de me pedir que eu assumisse as despesas do casamento que decidiram comemorar entre amigos sem convidar os pais (história verídica que aconteceu com um casal conhecido);

– subiria para me dar um alô quando passassem por perto;

– sugeriria aos meus filhos que mandassem um cartão-postal para a avó que não tem a sorte de passar as férias com eles...

Com esse tipo de "se" e de expectativas, você está fazendo mal a si mesma, pois há grande risco de ficar desapontada. Você mesma, por auto-sugestão, é a responsável por todas essas desilusões. É isso mesmo, seus filhos não são você, eles/elas dão de ombros quando você, extremamente amarga, ousa lhes chamar a atenção por tantas esperanças perdidas. Questão de época? De temperamento? Não importa, a verdade é que eles não são tão atenciosos quanto você sonhava, e é preciso a todo custo se proteger contra a falta de consideração deles.

• **Admita que os jovens não podem se colocar em seu lugar**
A grande diferença entre eles e nós é que já tivemos a idade deles, enquanto eles não têm meios de conhecer e compartilhar sentimentos e comportamentos da nossa.

Talvez devêssemos nos esforçar mais para fazê-los entender a nossa realidade e algumas de nossas fraquezas. Mais bem informados, eles admitiriam algumas de nossas atitudes que não conseguem entender, pois não fazem a menor idéia dos problemas que o envelhecimento nos causa.

Uma das minhas noras contou à sua irmã, na minha frente, que tinha acabado de ler um apaixonante artigo americano sobre as mudanças inevitáveis ao longo da vida:

*Aprendi, por exemplo, que, ao envelhecermos, temos a sensação de carregar um saco de areia nas costas, cada vez mais pesado, quando levantamos de uma poltrona ou subimos uma escada.*

Essa reflexão de sua parte "mexeu comigo". Primeiro fiquei surpresa por ela nunca ter se dado conta, por exemplo, que eu agora prefira me sentar numa cadeira um pouco mais dura a me afundar num sofá de onde eu não poderia me levantar sem a força dos braços, já que meus joelhos não são mais confiáveis. Em seguida me censurei com este pensamento crítico: faço todo o possível para que ninguém perceba minhas pequenas deficiências causadas pelo tempo que passa. Se minha nora só descobre esses inconvenientes da velhice através dos livros, eu deveria lhe dar uma medalha: prova que ela, quando está comigo, não passa o tempo todo procurando meus pontos fracos.

Quem sabe eu deveria falar mais sobre minha realidade? Isso permitiria que nos entendêssemos melhor e me liberaria de um papel que, às vezes, me cansa: o da supersogra dinâmica, quase tão em forma quanto suas noras! A tendência atual de cultuar a "eterna juventude" nos obriga, na vida social, a representar, sorrindo, o papel de mulheres ativas e animadas a qualquer custo. Ora, andar sempre mais rápido que suas pernas gostariam é estimulante, mas também cansativo. Em compensação, talvez pudéssemos no círculo familiar diminuir nosso ritmo e nos mostrar como somos: ainda "cheias de vida", mas não mais assim tão "jovens".[4] Essa franqueza permitiria que nos sentíssemos mais à vontade nos momentos de descontração junto aos nossos familiares.

Aliás, será que minhas noras não prefeririam que eu fosse um pouco menos "esfuziante" e um pouco mais "apagada"?

• **Faça o que lhe agrada sem se importar demais com a opinião deles**
Seus filhos casados acham que não cabe mais a você influenciar a maneira de se comportarem, que os amores deles não lhe dizem respeito, que eles têm todo o direito de viver a vida como bem entenderem. Mesmo que isso a irrite um pouco, eles têm toda a razão.

Por outro lado, a recíproca deve ser verdadeira: você não tem contas a prestar, você não é obrigada a lhes contar tudo, seu dinheiro lhe pertence e você pode gastá-lo como quiser. Quanto a seus amores, eles só interessam a você.

---

4 Esse adjetivo sempre me irrita quando se fala dos mais velhos. Depois dos 25 ou trinta anos, em todo caso, assim que chega o primeiro filho, já não se é mais "jovem", mas pode-se continuar "alerta" até uma idade avançada, o que é o essencial. *Não é mesmo?*

Com que direito certos jovens se permitem atrapalhar os projetos sentimentais dos pais ou sogros? Em nome de que poderiam nos impedir de refazer nossa vida, de acabar com nossa solidão? Infelizmente encontrei muitas "senhorinhas" que renunciaram a novos amores depois dos comentários mordazes ou irônicos de seus filhos – o que dá no mesmo, sendo o humor, para a segunda geração, uma maneira disfarçada de ser reticente quando não ousa explicar claramente as razões de sua reprovação!

Desde que sua maneira de viver não prejudique seriamente ninguém, tente não se sentir muito culpada – nada culpada não seria realista! – quando fizer suas escolhas pessoais em vez de se adaptar ao modo de vida de sua família. Não faz mal:

– que você esteja na cama às sete da noite, quando telefonam ao voltar do trabalho. Você levou em consideração a vontade deles ficarem na cama até tarde; por que teriam o direito de reprová-la de ir dormir com as galinhas?

– que você perca o aniversário da nora por estar passando um fim de semana fora. Pode ser até que ela fique "aliviada" com sua ausência. Aliás, isso pode nem acontecer. Para comemorar mais um ano de vida, os 18/cinqüenta anos costumam festejar com seus amigos, sem seus pais – menos ainda com os sogros. Só raramente pensam em nos convidar.

– que você desmarque, na véspera, um compromisso acertado há tempos com eles, porque foi convidada para ir ao teatro, à ópera ou a um megaconcerto de Elton John. As oportunidades para você se divertir ou se enriquecer culturalmente são muito mais raras do que as ocasiões de se encontrar em volta de uma mesa de família.

Descobri, aliás, um truque bem simples para não me sentir culpada. Antes de tomar esse tipo de decisão, eu pergunto a mim mesma: "Se fossem eles que hesitassem em desmarcar, desse modo, um compromisso para viajar num fim de semana ou assistir a um espetáculo que tivessem muita vontade de ver, não fariam isso mesmo assim? Eu ficaria zangada?". Como sempre respondo SIM à primeira pergunta, vou em frente. Como o NÃO à segunda nem sempre é tão franco e forte, eu me justifico, pensando que essas coisas insignificantes acabam sendo esquecidas, ainda mais que, provavelmente, eles não dão a isso a mesma importância que eu.

- **Diversifique suas relações afetivas**

Tenha uma grande amiga e várias outras amizades!

Seja ela uma antiga colega de trabalho, uma amiga desde os tempos de colégio que continua sempre próxima, uma irmã muito querida – uma grande amiga não se encontra assim de um dia para outro –, ela deve ser cultivada com carinho, aconteça o que acontecer na nossa vida.

Tenho pena daquelas que não souberam preservar uma verdadeira amizade. Com uma grande amiga podemos rir até desopilar o fígado, dizer barbaridades sem medo de indiscrições, situar nossas aventuras de sogra num contexto que ela já conhece. Esse papel de "confidente", sendo de mão dupla, ouvindo as decepções da outra com os filhos casados, faz parecer menos graves os nossos próprios problemas.

Um ponto importante: desconfie se a "amiga" diz que na sua família está tudo "numa boa" – ou ela não quer abrir o jogo com você, ou se ilude para continuar fazendo o papel de sogra perfeita. Nesse caso, evite seguir os conselhos dela ao pé da letra, já que com eles você corre o risco de cair na rotina.

Quanto às amigas, multiplique-as ao máximo, principalmente se você vive sem homem! Elas não precisam ser perfeitas, cultas, inteligentes, elegantes, generosas e atenciosas: a única exigência é que tenham bom humor! Se elas carregam toda a tristeza do mundo nos ombros, banque, eventualmente, o papel da boa samaritana, mas não espere que essas relações a tornem "zen"! Por outro lado, se uma delas faz você rir, faça tudo para revê-la; as amigas divertidas são o melhor remédio contra as crises de estresse e de depressão.

• **Gaste com você mesma antes de gastar tudo com os outros**

Na escola nós todas decoramos este poema de Musset:

*"Quando o pelicano, cansado da longa viagem,*
*No nevoeiro da noite, retorna à suas plagas,*
*Seus filhotes famintos correm para a margem*
*Vendo-o ao longe se abater sobre as águas..."*

Paro por aqui, esqueci completamente o resto, mas lembro que, no fim, o pobre pelicano, que não tinha feito uma boa pescaria, rasga seu ventre para que seus filhos comam suas entranhas e não morram de fome!

A professora, ao comentar esse texto, exaltava o mérito desse pássaro pronto a dar tudo, até a própria vida, para que seus filhotes sobrevivessem. Desde então, nos esforçamos para fazer sempre o papel de papais e mamães pelicanos. No entanto, agora, quando voltamos para casa, nossos filhotes já bateram asas e, por sua, vez construíram seus ninhos. Não temos mais as mesmas razões para nos privar do essencial e principalmente do supérfluo em proveito deles. Basta de tesouros encontrados debaixo dos colchões de velhinhas mortas na miséria!

Mesmo que seu genro e sua filha queiram trocar de carro, dê prioridade às suas consultas ao dentista. Mesmo que sua nora e seu filho sonhem passar uma semana no Club Med, não se prive de sua semana num spa. Não vá fazer compras com sua filha, se você observou que esse momento de alegre intimidade termina sempre numa conta muito salgada, já que você não resiste ao sorriso dela diante de um par de sapatos que ela adorou. Não fique a vida toda fazendo o papel de pagante, os cordões de sua bolsa também devem ser cortados. A não ser que você seja uma "pelicana" nata, que prefere vê-los felizes a se dar pequenos prazeres; nesse caso, você não tem cura e você se encaixa melhor na categoria "perfeita" do que na categoria "zen".

• **Não se estresse quando seus netos vêm passar uns dias em sua casa**

Todos os pediatras confirmarão: as crianças se adaptam bem quando mudam de ambiente. Na condição de lhes explicarmos o "porquê" das coisas e não ficarmos chamando sua atenção à toa, elas aceitam as diferenças entre o "pode" e o "não pode" na casa de papai e mamãe e em outras casas.

Na casa dos pais, podem se esbaldar até as dez da noite, podem dizer nomes feios, mas não podem se levantar da mesa sem levar o prato até a cozinha, nem chupar balas depois de terem escovado os dentes etc. Na casa do vovô e da vovó, é diferente: nunca vão para a cama depois das nove horas, mas beliscam entre as refeições e fazem para eles tudo o que gostam de comer. Não os obrigam a raspar o prato, mas, em compensação, têm que dizer *"bom-dia, boa-noite, por favor, obrigado/ obrigada"* para conseguirem o que pedem.

Faça o que achar que está certo, quando as crianças estiverem sob sua responsabilidade, a não ser que seus filhos sejam mais rígidos do que você em seu modo de educar e capazes e fiquem zangados com você por pequenas bobagens. Em alguns dias ou semanas, você não vai transformar diabinhos em anjinhos.

Eu mesma não suportava ver as crianças andando descalças pela casa e pelo jardim; tinha sempre medo que ficassem resfriadas pisando no chão frio, ou que enfiassem uma farpa no pé. Depois de anos de luta, me dei conta que suas mães os deixavam andar sem sapatos e aí desisti. Para ser honesta, depois que parei de reclamar, elas não têm ficado resfriadas, nem machucado os pés mais do que antes, e quando descem para o café da manhã eu os recebo carinhosamente, em vez de ir logo brigando por causa de chinelos.

Quando não tiver nenhuma chance de levar a melhor quanto a detalhes insignificantes, desista: você ficará menos tensa e o ambiente também. Mas quando você achar que se trata da saúde ou da educação deles, insista. Senão a consciência pesada de avó que cala acabaria com sua tranqüilidade.

- **Cuide de sua saúde, fale dela o menos possível**

Depois dos cinqüenta anos, nossa forma física requer mais cuidados do que antes. Acompanhamento médico para atravessar da melhor forma os períodos agitados da pré-menopausa e da menopausa, exames regulares para detectar qualquer risco de câncer, exercícios físicos adequados. Temos que cuidar muito do nosso corpo para nos sentirmos o melhor possível. Quanto mais cedo formos tranqüilizadas, melhor será o nosso humor, e sobretudo falaremos menos das nossas mazelas aos outros!

São incontestáveis os progressos da medicina contemporânea; no entanto, os medos ancestrais continuam profundamente arraigados em nós e são difíceis de serem superados. Mesmo fingindo levar na brincadeira uma ressonância magnética, uma tomografia ou uma radiografia para controle, nossa preocupação nos leva sempre a imaginar: *"E se for um tumor maligno? E se for um câncer?"*. Se for esse o caso, sempre haverá tempo para enfrentar essa desgraça; até lá vamos tentar não transferir nossa angústia aos filhos, genros e noras, que já têm suas próprias preocupações. Não vamos acrescentar nosso próprio medo da morte a seus problemas de vida. Nosso corpo nos pertence, é responsabilidade nossa, compete a nós tomar conta dele com carinho, mas evitemos fazer dele nosso tema de lamentações preferido.

A respeito de bem-estar físico, mais um pequeno conselho: não tenha vergonha de se satisfazer sexualmente sozinha. Sim, eu sei, algumas de vocês vão se chocar com esse elogio à masturbação num livro sobre sogras. Quando pequenas, lhes ensinaram que era terminantemente proibido se masturbar. Dizia-se aos meninos que cresceriam pêlos em suas mãos, e às meninas que iriam para o inferno, ameaçavam uns e outros de ficarem surdos... Quanto aos pêlos nas mãos sabemos há muito tempo que é uma lenda destinada a fazer corar os meninos que olhavam disfarçadamente as mãos quando dizíamos sutilmente que tínhamos ouvido dizer que... Quanto ao inferno, se você acredita nele, não tenho nenhuma intenção de convencê-la do contrário, mas, se não acreditar, não prive totalmente seu corpo de prazer sob pretexto de não ter mais um parceiro em sua cama.

Por que me servir de um livro como este para insistir sobre minha intima convicção de que não se deve deixar enfraquecer nenhum dos sentidos antes que esteja realmente "adormecido"? Simplesmente porque os problemas da libido insatisfeita, por incapacidade ou falta de parceiro, se apresentam para nós quase na mesma época em que os filhos se casam. No momento em que eles vivem seus mais belos anos de sexualidade, nós corremos o risco de conhecer os mais frustrantes, pois o desejo não se apaga de um dia para o outro. Mesmo satisfações relativas valem mais do que deixar apagar pouco a pouco uma chama que contribui para o nosso equilíbrio e nosso bem-estar.

• **Preserve sua mobilidade: se possível, tenha seu carro**

Para o seu bem, espero que você não pertença à categoria de mulher de marido-motorista exclusivo, aquelas que usam os transportes coletivos enquanto o Senhor-seu-marido só sai no carro DELE, mas não o confia a ninguém com medo que estrague seu querido carrinho; ele está convencido que dirige muito melhor do que as mulheres, em geral, e do que a sua, em particular! Dirigir é um hábito que se cultiva a vida toda, não é como a bicicleta e não basta pegar no volante para recuperar todos os seus reflexos. Ao cabo de vinte anos no banco do carona, é preciso ter coragem de voltar à auto-escola para readquirir competência, habilidade e, assim, autonomia.

Tornou-se quase impossível morar no interior sem ter seu próprio meio de transporte; na cidade, até que é possível, embora muitas vezes complicado. Se você não puder usar o carro do seu marido, ou se não tiver mais marido – nem o carro dele –, vai depender obrigatoriamente dos seus filhos para enfrentar os imprevistos. Fiquei espantada com o número de "senhorinhas" que me contaram o pesadelo de viagens de ônibus ou de trem quando tinham que visitar seus pais ou marido no hospital. Algumas nem mesmo tinham um ônibus à disposição e tinham que esperar o fim de semana para que seus filhos as levassem de carro. Quando o filho vai ao futebol ou à pesca, a tarefa cabe à nora... O que não é muito de seu agrado. Fica bem mais fácil se você tem sua carteira de motorista, um pouco de prática e muita prudência: você pode, então, pedir um carro emprestado. Entretanto, algumas se apavoram com a perspectiva de uma batida.

O máximo do luxo para uma mulher sozinha é ter um carrinho e ser independente. Nas férias, por exemplo, sempre que possível use seu próprio carro para não ficar totalmente dependente do programa e dos horários dos jovens. Você poderá ir ao mercado, tranqüilamente, de manhã cedinho, sem ter que esperar por eles, tomar banho de mar à tarde, se eles preferem descansar depois do almoço, e marcar um encontro sem estar o tempo todo grudada neles – ou ter a sensação de estar roubando o lugar de sua nora ou de seu genro se eles propuserem gentilmente que se sente no banco da frente.

• **Tome um calmante, evite uma noite em claro por causa de um incidente**

Estou certa de que, diante dos subentendidos ou mal-entendidos em família, a noite nunca foi boa conselheira. As insônias superdimensionam os incidentes em vez de relativizá-los, e acordamos mais amargas do que deitamos. Ficar sem dormir não serve para nada, a não ser para ficar com olheiras e se convencer de que a situação é realmente mais grave e mais triste do que é na realidade.

Ao contrário, uma boa noite de sono (natural ou provocado) tende a atenuar as carências ou as desavenças normais na convivência entre gerações. Para ficar ruminando, é preciso ter tempo: quanto menos horas consagrarmos a essa atividade perniciosa, mais chances teremos de tornar mais leves ou mais simples as questões pendentes.

• **Se você não consegue superar suas angústias, peça ajuda**

Ouvindo com imparcialidade seus males, um psi... (...cólogo, ...coterapeuta, ...canalista, ...quiatra) fará com que você veja os acontecimentos com distanciamento e se compreenda melhor. Aliás, eu estaria mais inclinada a dizer UMA "psi": acho que as mulheres estão mais próximas dos nossos problemas de sogras do que os homens. No entanto, se você tiver tido grandes problemas com seu pai, na infância, talvez a presença e a atenção de um homem possam lhe dar mais segurança.

Se as sessões com o "psi" – que não são reembolsadas pelo plano de saúde – estiverem acima de suas posses ou fora do seu universo, procure entre suas conhecidas sogras tão simpáticas e "chateadas" quanto você. Com elas, fale muito e longamente de seus problemas: poderão surgir soluções nas quais você nem tinha pensado ao refletir sozinha sobre suas dificuldades.

Excelente terapia: criar um grupo de ajuda, se possível com a supervisão de uma "psi". É uma empreitada complicada que exige dinamismo, continuidade nas ações e um investimento pessoal pesado: encontrar um local, criar uma estrutura associativa, procurar financiamentos junto aos serviços sociais, enviar novas convocações, divulgar sua ação, cuidar de problemas administrativos, atender ao telefone etc. Quando se tem tantas atividades, tem-se tão menos tempo para ficar ruminando decepções!

- **Siga em frente, sem abusar do retrovisor**

*"Nada se opõe mais à felicidade do que a lembrança da felicidade"*: essa frase genial de Malraux poderia servir para todas nós como lema para encontrar o novo caminho que se abre na segunda metade da vida. Não passemos o tempo lamentando nossa juventude e a infância de nossos filhos. Essa forma de seguir em frente com os olhos eternamente voltados para as imagens idealizadas do passado é o meio mais seguro de nunca mais dar mais chance ao futuro. Além disso, houve momentos maravilhosos em nossa vida de jovens pais, mas também outros bem desagradáveis.

Estava pensando nisso no dia da volta às aulas. Eu estava sozinha na minha casa de campo, com meu cachorro, terminando este livro quando recebi o telefonema de uma de minhas noras contando a correria para comprar material escolar, as lojas cheias, as horas encapando livros, a escolha difícil dos sapatos novos, o acompanhamento dos menores a uma nova escola, a decepção das crianças mais velhas ao não encontrarem algumas coleguinhas do ano anterior etc. Ao ouvir esse inventário de uma felicidade que vivi por tantos anos, senti uma profunda melancolia. Completamente sozinha num dia de volta às aulas, que tristeza! À noite, quando fui me deitar na paz de minha casa, sem ter que madrugar e arrumar um bando de crianças para ir à escola, de repente me dei conta de que tinha muita sorte: sozinha durante a semana de volta às aulas, que privilégio!

Não, nunca mais teremos a sensação insubstituível de ser totalmente indispensáveis, mas se pudermos nos contentar em ser, às vezes, úteis aos outros *e livres a maior parte do tempo*, poderemos encontrar um novo equilíbrio conjugal ou pessoal para os anos que virão.

Algumas ficam assustadas com essa disponibilidade... Elas deveriam se esforçar para aproveitar essa nova possibilidade de "durar" bem além dos anos "como mães", o que só raramente alguns de nossos antepassados conseguiram. Eles viviam muito pouco e, além disso, em condições muito precárias para se questionarem sobre os problemas existenciais, como fazem os idosos de hoje, bem conservados e responsáveis por seus anos de maturidade. Como se diz em economia, nossos questionamentos são problemas de ricos, riquíssimos, no que diz respeito à duração de vida, se formos comparar com a de nossos avós, e muitas vezes em melhor situação financeira do que nossos pais. Façamos votos que essas duas curvas continuem em ascensão para nossos filhos e netos.

• **Nunca corte completamente as relações com um dos cônjuges de seus filhos**
Ao longo de nossa vida, podemos trocar uma ou mais vezes de emprego, de modo de pensar, de região, de país ou mesmo de cônjuge; nunca de filhos nem de pais. A indissolubilidade e

a perenidade desses laços são a própria causa de muitos conflitos, mas são também responsáveis pela força desse vínculo.

Se, às vezes, o clima fica carregado demais, se falta coragem para ter uma conversa franca, é melhor se afastar por algum tempo, sem chegar a dizer palavras duras, fonte inevitável de mágoas e rancores. Por que dizer ao seu filho ou à sua filha: *"sua mulher/seu marido e eu somos como cão e gato, não gostamos um do outro e não nos entendemos, o melhor seria nos vermos o mínimo possível"*? Coitadinhos, são eles que amam e vivem com suas caras-metades; não os coloquemos na situação de ter que assumir escolhas impossíveis!

Depois de uma crise séria, em vez de romper "para sempre", tente se afastar por algum tempo. Sair de perto pode acalmar os ânimos, diminuir os ressentimentos. Saiba, porém, que, em dado momento, deverá necessariamente retomar o contato e fazer de conta que nada aconteceu. A consciência pesada após um rompimento definitivo é intolerável e dá a impressão àquela que tomou a iniciativa de ter abandonado um de seus filhos.

• **Não fique na cozinha fazendo docinhos, se isso a cansa e você não estiver a fim**

É a atividade caricata da avó perfeita. Se você não tem cabelos brancos presos num coque, não se veste de preto, não se parece com os desenhos das "avós" de certos livros escolares, então, nada a obriga a ficar na cozinha fazendo docinhos. Nas lojas já existem doces excelentes e os seus não são necessariamente os melhores!

Finalmente, permita-me uma última recomendação muito pessoal. Se eu tiver a sorte de você achá-la eficaz, ela justificará por si só meu objetivo:

Quando você, em sua condição de sogra, ficar um pouco deprimida, releia este livro. Você verá, então, assim o espero, que está bem na média, que não faz parte dos casos mais complicados... e que, pensando bem, sua, ou suas noras, são, a *grosso modo*, mais simpáticas do que eu deixei transparecer ao longo destas quase duzentas páginas.

Vá correndo lhes telefonar para anunciar a boa-nova. Ao transmitir essa mensagem, você se sentirá ao mesmo tempo positiva e um tanto espirituosa. E tão "perfeita" quanto "zen"!

# BIBLIOGRAFIA

ALLARD Michel, THIBERT-DAGUET Armelle, *Longévité, mode d'emploi*, Le Cherche Midi Éditeur, Paris, 1998.
ARIÈS Philippe, *Les Grands-Parents dans notre société*, ESF, Paris, 1979.
ATTIAS-DONFUT Claudine, *Générations et âge de Ia vie*, PUF, collection "Que Sais-Je?", 1991.
ATTIAS-DONFUT Claudine, *Les Solidarités entre générations*, Nathan, Paris, 1995.
ATTIAS-DONFUT Claudine, SEGALEN Martine, *Grands-Parents, la famille à travers les générations*, Odile Jacob, Paris, 1998.
AUDRY Claude, LAROCHE Claire, *L'Art d'être grand-mère*, Horay, Paris, 1996.
BOYER Sylvain, MIETKIEWICZ Marie-Claude, SCHNEIDER Benoit, *Histoire(s) de grands-parents*, L'Harmattan, Paris, 2000.
CAMDESSUS Brigitte, *Quand les grands-parents s'en mêlent*, ESF, Paris, 1993.
CANNELL Dorothy, *How to murder your mother-in-law?*, Ed. Bantam Books, New York, 1995.
CARADEC Vincent, *Le Couple à I 'heure de la retraite*, Presses universitaires de Rennes, 1996.
COTTERILL P., *Mothers and Daughters-in-law: a study of intergenerational relationships between family women*, Council for National Academic Awards, G.-B., 1989.
DOLTO Françoise, *Les Grands-Parents, les chemins de l'education*, Gallimard, Paris, 1994.
DUBY Georges. *Histoire de Ia vie privée*, Le Seuil, Paris, 1986.
FUCHS Marie-Françoise, LAPLAGNE Geneviève, *L 'Art d'être grands-parents*, Minerva, Genève, 1999.
GOKALP Catherine, "Le réseau familial", *Populatihon* n° 6, Paris, 1978.
GUILLOIS M. et A., *Les Belles-Mères ont de l'hu-mour*, Marabout, Paris, 1984.
IFERGAN Harry, Éttienne Rica, *Mais qu'est-ce qu'il a dans la tête?*, Hachette Littératures, Paris, 1998.
JENKINS Liliane, *Mâ, l'Inde au féminin*, Mercure de France, coll. "Mille et une femmes", 1986.
KAUFMANN Jean-Claude, *La Femme seule et le Prince charmant, enquête sur Ia vie en solo*, Nathan, Paris, 1999.

KNIBIEHLER Yvonne, *Histoire des mères et de la maternité en Occident*, PUF, Paris, 2000.
KELLERHALS Jean, TROUTOT Pierre-Yves, LAZEGA E., *Microsociologie de la famille*, PUF, Paris, 1984.
LE BRAS Hervé, "Parents, grands-parents, bisaïeux", *Population* n° 1, Paris, 1973.
LEMARCHAND Clotilde, *Belles-Filles et beaux-parents: la bonne distance*, Université René-Descartes, Paris, 1994.
LEMARCHAND Clotilde, *Belles-FIlles, avec les beaux-parents: trouver la bonne distance*, Presses universitaires de Rennes, 1999.
LERIDON Henry, VILLENEUVE-Gokalp Catherine, *Constance et inconstances de la famille*, PUF, Paris, 1994.
MAURIAC François, *Genifrix*, Grasset, Paris, 1923.
MARTIN Claude, *L'Après-Divorce. Lien familial et vulnérabilité*, Presses universitaires de Rennes, 1997.
MEAD Margaret, *Le Fossé des générations*, Denoël-Gonthier, Paris, 1979.
MENAHEM G., "Les rapports domestiques entre femmes et hommes s'enracinent dans le passé familial des conjoints", *Population* n° 3, Paris, 1989.
MUXEL Anne, *Individu et Mémoire familiale*, Nathan, Paris, 1996.
NAOURI Aldo, *Les Filles et leurs mères*, Odile Jacob, Paris, 1998.
PITROU Agnès, *Les Solidarités familiales*, Privat, Toulouse, 1992.
ROUSSEL Louis, BOURGUIGNON Odile, *La Famille après le mariage des enfants, étude des relations entre générations*, PUF, Paris, 1976.
ROUSSEL Louis, *La Famille incertaine*, Odile Jacob, Paris, 1989.
ROUMANOFF A., BROMBERGER A., *Le Guide de la belle-mère*, Albin Michel, Paris, 1993.
ROYAL Ségolène, *Le Printemps des grands-parents*, Laffont, Paris, 1987.
RUSSO Camille, SHAIN Michael, *How To Be The Perfect Mother-in-Iaw?*, Andrews McMill Publishing, Kansas City, 1998.
SEGALEN Martine, *Sociologie de la famille*, Armand Colin, Paris, 1981.
SINGLY François (de), *Sociologie de la famille contemporaine*, Nathan, Paris, 1993.
SINGLY François (de), *Le Soi, le Couple et Ia Famille*, Nathan, Paris, 1996.
SINGLY François (de), *Libres ensemble, l'individualisme dans la vie commune*, Nathan, Paris, 2000.
THÉRY Irène, *Le Démariage*, Odile Jacob, Paris, 1993.
THÉRY Irène, *Couple filiation et parenté aujour-d'hui. Le droit face aux mutations de la famille et de la vie privée*. Odile Jacob, Paris, 1998.
VERRA Sue, *What every mother-in-law wishes, her daughter-in-law knew but is afraid to tell her,* Fairway Press, CSS Publishing, Ohio, 1996.
VILDER-BOMPARD Corinne, HAGUÉ Chantal, *Belle-mère/Belle-file, comment s'entendre avec Ia mère de l'autre*, Minerva, Genève, 2000.

Esta obra foi composta por Eveline Teixeira
em Iowan e impressa em papel pólen-soft 80g/m²
da SPP-Nemo pela Bartira Gráfica para a
Sá Editora em abril de 2007.